leykam: *seit 1585*

Barbara Rieger (Hg.)

MUTTER WERDEN. MUTTER SEIN.

Autorinnen über die ärgste Sache der Welt

leykam: *Belletristik*

Copyright © Leykam Buchverlagsgesellschaft m.b.H. Nfg. & Co. KG,
Graz – Wien 2021
Kein Teil des Werkes darf in irgendeiner Form (durch Fotografie,
Mikrofilm oder ein anderes Verfahren) ohne schriftliche Genehmigung des Verlages reproduziert oder unter Verwendung elektronischer Systeme verarbeitet, vervielfältigt oder verbreitet werden.

Umschlaggestaltung: Christine Fischer
Satz und Typografie: Annalena Weber
Unter Verwendung von shutterstock.com / OliaGraphics,
Gabriyel Onat und Mary Long
Druck: Florjančič tisk d.o.o.
Lektorat: Tanja Raich
Korrektorat: Alexandra Dostal
Gesamtherstellung: Leykam Buchverlag

www.leykamverlag.at
ISBN 978-3-7011-8197-1

Gedruckt mit freundlicher Unterstützung durch die
Kulturabteilung der Stadt Wien, das Land Niederösterreich,
das Land Steiermark und das Land Kärnten.

INHALT

9   **VORWORT**

11   **BARBARA RIEGER**
Das Natürlichste der Welt

32   **FRANZISKA HAUSER**
Wechseljahre treffen auf Pubertät, treffen auf Lockdown und erinnern an Mauerfall

46   **KATJA BOHNET**
Meine Mutter, die Serienmörderin

59   **SANDRA GUGIĆ**
Blut, Milch, Digitale Tinte

82   **TERESA BÜCKER**
Ist es radikal, ein Kind ohne Partner zu bekommen?

95   **LENE ALBRECHT**
Eine gute Frau

110   **ELENA MESSNER**
Brief an eine muttergewordene Schriftstellerin

125	**GERTRAUD KLEMM**
	Sind das Ihre?
132	**ANDREA GRILL**
	Bist du bereit, ein Held zu sein?
147	**LYDIA MISCHKULNIG**
	Für Mutter mit Hirn
158	**BARBARA PEVELING**
	Maske
168	**HELENA ADLER**
	Nesteln
176	**NAVA EBRAHIMI**
	Vor dem Morgengrauen
186	**VERENA STAUFFER**
	Leben
199	**SIMONE HIRTH**
	Wir wollen was. Ein Manifest
210	**AUTORINNEN**

*Mütter
aller Länder,
vereinigt euch,
singt!*

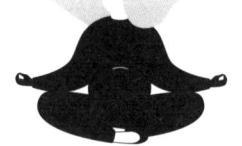

VORWORT

Was bedeutet es heute, Mutter zu werden und Mutter zu sein? Welche Geschichten werden von und rund um Mutterschaft erzählt, welche gesellschaftlichen und persönlichen Ansprüche an die Mutterrolle gestellt? Und wie lässt sich Mutterschaft mit dem Schreiben, mit dem Beruf der Autorin, verbinden?

Im vorliegenden Band setzen sich fünfzehn Autorinnen auf persönliche, essayistische und literarische Art und Weise mit diesen und anderen Fragen rund um Mutterschaft auseinander.

Lesen Sie Kurzgeschichten, in denen Mütter und andere Personen, die Care-Arbeit verrichten, die Hauptrolle spielen. Lesen Sie über Geburt, Adoption und über die Möglichkeiten, alleine ein Kind zu bekommen. Lesen Sie über Blut, Milch, digitale Tinte, über Fleisch, das härter als Stahl ist, und fragen Sie sich, ob Sie bereit sind, ein Held zu sein. Lesen Sie eine Laudatio an eine Mutter, einen Brief an eine muttergewordene Schriftstellerin und ein Manifest der Mütter, die nicht schweigen.

Egal, ob Sie Mutter sind, es werden oder niemals werden wollen oder können – die Beiträge in diesem Band werden Sie berühren, aufwühlen und zum Nachdenken anregen. Denn Mutter sein ist die ärgste, die schwierigste, intensivste und schönste Sache der Welt!

Barbara Rieger, Juni 2021

Barbara Rieger

DAS NATÜRLICHSTE DER WELT

Was wir in der Schule gelernt haben: wie viele Samenzellen sich auf den Weg machen zu einer, zur einzigen Eizelle, wenn überhaupt.

Was wir später gelernt haben: Unsere Fruchtbarkeit nimmt im Lauf des Lebens ab.

Worüber wir sprechen, ohne Namen zu nennen: wie viele es wollen, versuchen, alles versuchen müssen, wie viel es kostet, wie oft es nicht klappt, bis es klappt, vielleicht.

Was wir uns fragen: wie das gehen soll mit einem Kind, mit mehreren Kindern, knapp hintereinander, wie das früher gegangen ist.

FRÜHER ist das doch auch gegangen, das *Natürlichste der Welt*, wir denken *Schnapsschnuller*, wir denken: *Schreien stärkt die Lunge*.

Wir hören in unserem Kopf: DAS HABEN SCHON ANDERE VOR UNS GESCHAFFT.

Was ich wissen will: ob mein Körper das kann, ob das WIRKLICH funktioniert mit den Spermien und den Eizellen, der einen Eizelle, ob ich die eine Hälfte meines

Lebens ein Aufeinandertreffen verhindern und es dann zulassen, es darauf anlegen kann, und falls sie wirklich aufeinandertreffen, OB.

Was ich nur aus Filmen, aus Büchern kenne, BIS JETZT: zwei Streifen auf einem Schwangerschaftstest. UND: Ich rauche meine letzte Zigarette, ich kaufe mir mein erstes Buch ÜBER.

Was wir hören, DANN: *Man sieht ja noch gar nichts! Der Bauch ist aber ganz schön klein! Der Bauch ist aber ganz schön groß! Sorry, wenn ich das sage, aber die Brüste sind riesig! Du musst jetzt für zwei essen.* ODER: *bloß nicht für zwei essen, das bekommst du nie wieder los.*

Was wir denken: Wir haben zugenommen, wir haben JETZT SCHON so viel zugenommen, wir fühlen uns dick, blad, fett, *wie eine Matrone*, ein Walross ODER: weiblich und schön.

Was wir uns sagen: Wir werden später wieder rauchen, *nach der Geburt zünde ich mir eine an*, irgendwann wieder trinken. (Wir hören: *Ein Glas schadet schon nicht*. Wir lesen: *Jede noch so kleine Menge schadet Ihrem Kind*.) Bald können wir wieder die Katze streicheln, die Katzenkiste putzen, bald können wir wieder Rohkäse und Rohwurst essen UND.

Was niemand sagt: wie gut der frische Rauch von Zigaretten noch immer riecht, wie sehr der abgestandene Rauch, der Atem eines Rauchers stinkt, wie intensiv das Bier, das wir nicht trinken dürfen, riecht und wie grauenhaft alkoholfreies Bier schmeckt. Wie lange neun Monate sind und dass die anderen weiterleben wie bisher, UND.

Wir leben LÄNGST unseren persönlichen Lockdown, wir erleben SCHON BALD eine neue Normalität, wir denken: *was für ein Timing*.

Was noch niemand weiß, was wir lesen, was wir hoffen: dass die Krankheit *wahrscheinlich eher nicht* auf Säuglinge im Mutterleib übertragen wird. Dass das Gesundheitssystem nicht gerade dann kollabiert, wenn wir es nutzen MÜSSEN, wir denken über eine Hausgeburt nach, FALLS.

UND: Wir recherchieren, wir telefonieren, wir informieren uns über Gelder, die wir beziehen, über Modelle, wie wir zu Hause bleiben können, wir recherchieren, wir telefonieren, wir informieren uns und blicken nur langsam, sehr langsam, wir blicken IN WAHRHEIT niemals wirklich ganz durch, IN WAHRHEIT blickt niemand durch: *So einen Fall hatten wir noch nie*, hören wir, wenn wir erklären, dass DER VATER den Großteil der Karenz in Anspruch nehmen will. *Dass du dich das traust*, hört der werdende Vater von seinen Kollegen. *Das hätte ich auch gerne gemacht*, hört der werdende Vater von seinen Freunden, *und dein Arbeitgeber macht da mit?*

Was wir alles mitmachen: die vorgeschriebenen Untersuchungen, vorgeschrieben für den Erhalt der Bezüge, *für Sie und Ihr Kind kostenlos,* lesen wir und wundern uns (später, viel später) über den SELBSTBEHALT. Die freiwilligen Untersuchungen, *ebenfalls kostenlos*. Die empfohlenen pränatalen Untersuchungen (ab 35: RISIKOSCHWANGERSCHAFT!), wenn wir sie uns leisten können, leisten wollen, PRÄNATALDIAGNOSTIK, was würden wir tun, WENN. Wir lernen (schon vor Corona), was FALSCH POSITIV heißt. Die Geburtsvorbereitungskurse, sofern sie noch stattfinden, ONLINE zum Beispiel, wir üben Gebärpositionen, vor dem Laptop zu Hause auf der Couch. Und – *natürlich!* – mindestens eine der vielen SCHWANGERSCHAFTSBESCHWERDEN, *es soll nichts Schlimmeres passieren*.

Was sie uns fragen: ob uns übel ist. Wir antworten, dass uns gar nicht, nur ein bisschen, ODER dass uns die ganze Schwangerschaft über übel ist, dass wir die ganze Schwangerschaft über kotzen müssen, wir erzählen von der Müdigkeit:
    Ich bin so müde, dass ich PAUSEN machen muss. Ich gehe aber noch laufen. *Wirklich?* Bis zur zwanzigsten Woche, WARUM NICHT? Wir lesen: *Vermeiden Sie gefährliche Sportarten*, drei Tage vor der Geburt fahre ich mit dem Rad – *mit dem Rad?!* – ins Freibad, fahre mit dem Rad vom Freibad nach Hause, fahre durch ein Gewitter, die Reifen über den rutschigen Wurzeln, Bäume, die neben mir umfallen, mit STOSSGEBETEN trete ich in die Pedale, denke (später, als ich wieder trocken bin, als ich überlebt habe):
    Meine Mutter kam mitten im Krieg zur Welt.

Was wir noch mitmachen: eine kleine Komplikation (natürlich!) kurz vor dem Ende, zum Beispiel ein WACHSTUMSSTOPP, wir googeln nicht, wir googeln das sicher nicht, wir telefonieren mit der Frauenärztin, *wenn das Kind nicht mehr wächst, dann deutet das darauf hin, dass es schlecht versorgt wird*, wir telefonieren mit der Hebamme, *wenn Sie ständig messen, werden Sie etwas finden,* wir fahren jeden zweiten Tag ins Krankenhaus zur Kontrolle, wir kennen alle Ärzte, *Kinder wachsen in Schüben*, sagt der eine, *wenn es bis zum nächsten Mal nicht wächst, dann müssen wir einleiten*, sagt der andere, *Sie sind heute schon die Vierte mit Wachstumsstopp*, sagt der nächste, wir kennen alle Schwestern, wir kennen die Leute hinter den Glasscheiben und die, die uns eine frische Maske überreichen, wir kennen den Weg ins Krankenhaus, wir wissen genau, wo der KREIßSAAL liegt!

Was wir nicht in der Schule gelernt haben: was Übungswehen, was Vorwehen, was Senkwehen sind, wie es nach unten zieht, wie der SCHLEIMPFROPFEN! – wie die verschiedenen Phasen der Geburt heißen, wie sich ein Baby durch das Becken schrauben muss, dass die Fruchtblase nicht unbedingt platzt, dass es GLÜCKSHAUBEN gibt, wir denken an Katzen, wir sehen der Katze dabei zu (früher), wie sie dreimal mit dem Hintern hin und her, wie sie die Fruchtblase aufbeißt und wegschleckt, die Nabelschnur durchbeißt, die Katze weiß genau, was sie zu tun hat, wir hören in unserem Kopf: *Hat sie schon geworfen?*

Wir sollen den Geburtstermin nicht verraten, haben wir gelesen, SONST.

Was wir nicht alles über die Schmerzen hören: Das sind SCHON GANZ GSCHEITE Schmerzen, wir hören, dass wir die Schmerzen danach vergessen werden, *sonst*

würde keine Frau je ein zweites Kind bekommen, wir hören, die Schmerzen seien mit nichts vergleichbar, aber zwischen den Schmerzen seien wir high, KÖRPEREIGENE DROGEN, ich denke: *endlich wieder ein Rausch*. Wir hören, wir könnten (ZUMINDEST!) dem Wort den Schmerz nehmen, wir könnten aus Wehen Wellen machen, wir könnten auf Wellen surfen, Wellen werden *wie eine Urgewalt* über, unter, in uns, zwischen den Wellen die Ebbe, zwischen den Wellen sollen wir entspannen, *ganz wichtig*, Kraft tanken, durchatmen bis zur nächsten Wehe, Welle, *whatever*, denke ich, und dass ich mir sicher keine PLAYLIST für die Geburt machen, dass ich sicher keine Entspannungsmusik hören werde, wenn dann:
HEAVY METAL.

Was uns keiner gesagt hat: dass die Wehen zwar anfangen wie Menstruationsschmerzen –
– wir denken, dass die Hälfte der Menschen, mehr als die Hälfte der Menschen nicht weiß, wie sich Menstruationsschmerzen anfühlen, ich sage: ein Ziehen in der Gebärmutter, in den Eierstöcken, Eileitern, ein Ziehen also vorne im Bauch, ein Ziehen im Innersten ODER, ich sage (leise): Menstruationsschmerzen (was für ein unpoetisches Wort!) sind Schmerzen an der Grenze zur Lust, ich sage (vorsichtig): Menstruationsschmerzen sind so ähnlich wie ein Orgasmus, ich frage mich (heimlich), ob bei mir etwas nicht stimmt –

Was uns keiner gesagt hat: dass die Wehen zwar anfangen wie Menstruationsschmerzen –

– wir erinnern uns, was wir gelernt haben: dass wir noch schlafen sollen, wenn es losgeht, noch ausruhen, dass wir alle Kraft brauchen werden. Ich erinnere mich am nächsten Tag, als die Wehen wieder weg sind, als ich angepisst bin, weil ich will, dass es endlich losgeht, weil ich finde, dass neun Monate lang, genau lang genug sind: Bei einigen stärkeren Wehen bin ich aufgewacht.

Was mir der Arzt sagt bei der Kontrolle: dass es bald losgehen wird *(haha)*, dass er nicht glaubt, dass wir einleiten müssen *(Bitte nicht!)* und dass es gut gehen wird, weil ich so schlank bin *(Wie bitte?!)*. Wie bitte?, frage ich. Dass es gut gehen wird, weil ich so schlank bin, wiederholt der Arzt, ich bin zu erschöpft, um nachzufragen, ABER.

Was ich denke: dass er mich aufschneiden will, meine DÜNNE Bauchdecke, meine Gebärmutter, dass ich nicht bei Bewusstsein sein will, wenn sie mich aufschneiden HINTER EINEM VORHANG, dass ich keine Vollnarkose will, wie meine Mutter bei meiner Geburt, dass der Mann in diesem Fall, dass in meinem Fall zumindest der Mann das BONDING übernehmen kann, übernehmen soll, muss, habe ich gelesen, und dass eine Geburt nicht PLANBAR ist, AUSSER.

Was wir wissen: dass manche von uns lieber gleich einen Kaiserschnitt – WEIL.

Was uns, was mir also keiner gesagt hat: dass die Wehen zwar anfangen wie Menstruationsschmerzen, dass dann aber alles ANAL wird, ein Gefühl aufs Klo zu müssen, eine Verstopfung, es steckt, ich gehe wieder und wieder aufs Klo, nichts kommt, die Hebamme empfiehlt einen EINLAUF, ich sitze auf dem Klo, es kommt fast nichts, ich sitze auf dem Klo, als die Wehen wieder losgehen, die Wehen in Wellen, ich versuche noch einmal zu schlafen, ALLE KRAFT, *so eine Geburt kann dauern*, wache auf, weil die Wehen, die Wellen über meinem Kopf, über mir, in mir zusammenschlagen, ich laufe durchs Haus wie vor einem Monat die Katze, ich stöhne.

Was ich von meinem Mann höre: Ich glaube, wir sollten fahren.

Was ich antworte: Es ist noch nicht schlimm. Es ist erst der Anfang. Ich muss aufs Klo. Ich habe Hunger.

Was wir schon gehört haben: dass manche Frauen vor der Geburt einen Einlauf wollen, damit der Kot nicht zugleich mit dem Kind – SCHERZ, weil es ihnen unangenehm ist, wenn sie während der Geburt kacken, unangenehm vor den anderen, habe ich gedacht. Was bei mir wieder rauskommt, OBEN: das Essen. Was wir gelernt haben: dass man ins Krankenhaus fahren soll, wenn die Wehen regelmäßig alle fünf Minuten kommen.

JEDE GEBURT IST ANDERS, ABER.

Was wir gelernt haben: dass die Wehen im Krankenhaus häufig wieder aufhören, im Auto schon alle zwei Minuten, im Krankenhaus wieder Pause, ein Urinstinkt, das Krankenhaus ist der Säbelzahntiger, vor dem wir auch während der Geburt flüchten können müssen, *sonst wären wir schon* AUSGESTORBEN, der Säbelzahntiger ist ein kleiner Aufnahmeraum, der Säbelzahntiger ist ein CTG, der Säbelzahntiger piepst piepst piest, der Säbelzahntiger, das sind die drei anderen Frauen, die draußen (NICHT!) schreien, die Ärzte, die ein und aus gehen und kritische Blicke auf das CTG werfen und ich: kann nicht flüchten.

Was die Hebamme sagt: Sie dürfen die Maske abnehmen.

Wie der Corona-Test war, werden sie mich fragen (später), ob es sehr unangenehm, *JA, unangenehm*, werde ich sagen, aber IM VERGLEICH ZU EINER GEBURT, ich werde lachen (später).

Was die Hebamme sagt: Die Herztöne des Kindes sind höher, als sie sein sollten.

Was mein Mann sagt (SPÄTER!): Die Wehen waren höher als die Skala am CTG.

Was die Hebamme fragt: Warum sind Sie so unruhig? Wie können Sie sich beruhigen? Sie müssen sich beruhigen, die Herztöne müssen runter, SONST.

Die Atmung, haben wir gehört, DIE ATMUNG, einatmen, haben wir gehört, und ausatmen, durch den Mund ausatmen, lange ausatmen, haben wir gehört, die Wehe ausatmen, durch die Wehe durchatmen, die Wehe wegatmen, UNMÖGLICH, ich werde mich erinnern (später), wie sehr ich mich konzentrieren muss, mit aller Kraft muss ich mich konzentrieren, trotz der Wehe ruhig zu bleiben, zu atmen, einatmen, ausatmen, einatmen, lange AUSATMEN, während mein Mann auf das CTG starrt, während es mir kalt über den Rücken läuft, wie ein Fieber, wie eine Vergiftung, werde ich sagen, wie damals bei der Lebensmittelvergiftung, werde ich erzählen (später), wie ein Kreislaufkollaps, denke ich in dem Moment, ganz ruhig atmen, bis die Welle vorbei ist und ich mich übergebe, das erste Mal auf den Boden und dann in die Nierenschüssel. Was die Hebamme sagt: dass bei Frauen, die sich übergeben, der Muttermund schneller aufgeht, ALSO: ganz ruhig bleiben, atmen, kotzen, atmen, kotzen, bis die Herztöne ruhig werden, bis die anderen Frauen entbunden haben, bis die Ärzte OK sagen zum CTG, es ABHAKEN. Ganz ruhig atmen, bis die Wanne wieder sauber, bis das Wasser warm ist. Ich muss aufs Klo, sage ich zum letzten Mal. Die Hebamme schüttelt den Kopf, die Hebamme wird zwischendurch, wird immer wieder den Kot, das Blut aus der Wanne fischen, später, wenn sie wiederkommt. Was sie sagt, bevor sie uns alleine lässt: Jammern Sie. Jammern hilft.

WIR WERDEN DIE SCHMERZEN VERGESSEN HABEN.

Was mein Mann mir erzählt, später: dass die andere Hebamme, die den Dienst um Mitternacht übernimmt, die Augen verdreht, als sie mich schreien hört, schreien sieht, meine Augen sind geschlossen, das Wasser ist warm, warm um mich in den Pausen, warm, ich floate, warm, das Dopamin, die Entspannung bis zur nächsten Wehe, Welle, SCHREIEN HILFT.

Die Zeit, haben wir gehört, wird schnell vergehen und gleichzeitig langsam, die Zeit vergeht in Wellen, ES WIRD EIN RAUSCH GEWESEN SEIN, der Muttermund, sagt die Hebamme nach einer Stunde, MEIN MANN SCHAUT AUF DIE UHR, der Muttermund ist zehn Zentimeter offen (das Maximum) und irgendwas mit PRESSEN, dass es ohne PRESSEN nicht geht, haben wir gehört, dass ich aufhören soll zu SCHREIEN, den Mund zumachen, höre ich, und nach unten pressen, NACH UNTEN PRESSEN, sagt die Hebamme, sagt mein Mann, ich will nicht, will nicht nach FUCKING unten pressen, RICHTUNG AFTER, sagt die Hebamme, ich will nicht Richtung After pressen, ich will überhaupt nicht pressen, ICH SCHAFF DAS NICHT, schreie ich, ES REISST, schreie ich, da reißt nichts, sagt die Hebamme, da ist alles GANZ WEICH, sagt die Hebamme, ganz weich, denke ich, fühlt sich ganz anders an, ABER: ICH PRESSE, schreie ich, ICH PRESSE JA SCHON, ICH PRESSE, wenn es sein muss RICHTUNG AFTER. Was wir gelesen haben: dass manche Frauen froh sind, wenn sie in der Austreibungsphase endlich pressen können. Was ich denke: einmal und nie wieder.

WIR WERDEN DIE SCHMERZEN VERGESSEN HABEN, SONST.

Dass die Wehen plötzlich zu kurz sind, hat mir niemand gesagt, und wie es sich anfühlt, als ich etwas spüre, eine Kugel, der Kopf, denke ich, der immer wieder nach vorn, der immer wieder zurück, ich presse, immer wieder nach außen, immer wieder nach innen, ich presse mit aller Kraft, ich denke, denke wörtlich: DAS GIBT'S JA NICHT. Ich gehe in die Hocke, DAS MUSS DOCH GEHEN, ich presse, ich höre die Hebamme sagen: ZUR GEBURT BITTE.

NA ENDLICH, denke ich, ich presse, NOCH EINMAL, GEHT'S NOCH EINMAL, ruft die Hebamme, warum sind die Wehen plötzlich so kurz, ich presse, noch einmal, noch einmal, schnell noch einmal, bevor die Wehe wieder, ich spüre den Kopf, die Wehe ist aus – AUFSTEHEN! – ich stehe, Wasser rinnt, eine Hand dort unten, eine Hand am Bauch, die Wehe kommt, ich presse, ES FLUSCHT AUS MIR HERAUS.

Dass Babys direkt nach der Geburt ganz wach sind, lese ich (früher oder später) und dass sie *instinktiv* nach der Brustwarze suchen.
Hallo, sage ich, hallo du!
Mach ein Foto, sage ich zu meinem Mann.
Danke, sage ich zur Hebamme.

Manche Frauen wissen genau, was sie zu tun haben, haben wir gelesen, habe ich gehört, sage ich zur Hebamme, zum Arzt (zur Geburt hat er kommen müssen), aber ohne Hilfe, ohne Anleitung, ohne Anfeuerung, sage ich, hätte ich es nicht so gut geschafft. Vom Trend zur *Alleingeburt* haben wir gehört, vom *Urvertrauen in den eigenen Körper* haben wir gelesen, ich habe mir aber im Internet keine Videos von allein im Wald gebärenden Frauen angeschaut, ich habe mir überhaupt keine Videos von gebärenden Frauen angeschaut, *warum eigentlich nicht.*
Was wir vor der Geburt gelernt haben: Dammriss, Dammschnitt, Dammmassage, GEBURTSVERLETZUNGEN, GENÄHTWERDEN, Heublumendampfbad, Himbeerblättertee. Ich höre die Hebamme sagen: Nichts ist gerissen, nur die Schamlippen sind aufgeschürft. Es wird ein bisschen brennen, später.

Ob er die Nabelschnur durchschneiden will, fragen sie meinen Mann.

Ob ich nochmal pressen kann, fragt die Hebamme, *kein Problem.*

Ob ich die Plazenta sehen will, *sicher*.

Dass die so groß ist, hat uns niemand gesagt. Dass manche sie mit nach Hause nehmen wollen, haben wir gehört, vergraben oder verkochen und essen, haben wir gehört, ein MUTTERKUCHEN.

Dass ich im Krankenhaus bleiben soll, eine Woche empfiehlt der Arzt, ich schüttle den Kopf, zumindest zwei Tage empfiehlt der Arzt, um eine Übertragung der Streptokokken auf das Baby auszuschließen (zum Beispiel), *sonst müssen Sie in zwei Tagen wiederkommen.*

Ob sie mir das Baby kurz abnehmen dürfen, fragen sie, *OK.*

Ob ich aufstehen kann, fragen sie, *natürlich!* Ich steige aus der Wanne, aus dem Kot, aus dem Blut, wie Daenerys Targaryen, First of her Name, the Unburnt, Queen of und so weiter nach ihrer ersten Feuertaufe, nur ohne Drachen, mein kleiner Drachen –

kleiner Schatz werden wir sagen, *Spatzi* werden wir sagen, *kleine Maus* und so weiter, später –

mein Baby, mein Kind, es wird gewogen, gemessen.

Was wir vor der Geburt gelernt haben: Jedes Baby bekommt eine Punktezahl, bekommt Punkte für die Herzaktion, die Atmung, die Hautfarbe, den Muskeltonus, die Reflexe, dass ich bei meiner eigenen Geburt fast gestorben wäre, denke ich NICHT MEHR, dass ich null Punkte hatte, NUR EIN WAAGRECHTER STRICH bei der Atmung und beim Muskeltonus, oder war es die Herzaktion, EIN WAAGRECHTER STRICH, eine REANIMATION, ein BRUTKASTEN, eine ZANGE, oder war es eine SAUGGLOCKE, wie so eine Saugglocke aussieht, werden sie uns gezeigt haben, JEDE GEBURT IST ANDERS, *ihr habt das super gemacht*, sagt die Hebamme, sie sagt das zu jeder Frau, denke ich später (viel später), *ihr habt das wirklich super gemacht!*, sagt die Hebamme noch einmal, dass sie recht hat (in jedem Fall recht hat), denke ich, als ich abgeduscht und angezogen unter der Decke, als das Baby gewaschen und gewickelt neben mir, auf mir, in meinem Arm, an meiner Brust, als ich, als wir im Krankenhausbett, als sie mich, als sie uns mit dem Bett auf die Geburtsstation, in ein Zimmer, als mein Mann gegangen ist. Ich muss noch Zähne putzen, sage ich, die Hebamme schüttelt den Kopf.

Was sie uns fragen (vorsichtig), nicht fragen: *Und, wie war die Geburt?*
　　Was sie sagen, FALLS: *So genau hat mir das noch niemand erzählt!*

Was sie uns nicht sagen, was sie uns sagen, was wir wissen, nicht wissen, was wir so oder so lernen müssen, was sie uns zeigen im Krankenhaus, wenn wir wollen: wie wir das Baby angreifen, wie wir das Baby anlegen, wie wir das Baby wickeln, wie wir das Baby baden, wie das Baby liegen, wie es schlafen soll – AM RÜCKEN! – wir bekommen Merkblätter *für den sicheren Schlaf*, wir lesen PLÖTZLICHER KINDSTOD, wir lesen, wir hören immer wieder STILLEN IST DAS BESTE FÜR

IHR KIND. Wir bekommen Hilfe von netten Schwestern, wir wiederholen die neuen Wörter: KINDSPECH, KOLOSTRUM USW. Es kommt genauso viel Milch, wie der *kleine* Babymagen fassen kann, haben wir gelesen, lesen wir, wir bekommen Cremen, wir können gelasert werden, wenn wir wollen, wir können ein Fläschchen bekommen, wenn wir zu wenig Milch haben, sonst verlieren sie (unsere Babys!) immer mehr Gewicht und werden immer müder und schlafen beim Trinken ein und verlieren immer mehr Gewicht und werden noch müder, ein Teufelskreis bis zur GELBSUCHT und dann wieder BRUTKASTEN vielleicht, wir wollen nach Hause, zu unseren Männern, die (und nur die) nur einmal pro Tag für eine Stunde und niemals zugleich bei uns im Raum sein dürfen, wir haben noch Glück, in anderen Krankenhäusern zu einer anderen Zeit der Pandemie nur fünfzehn Minuten oder: GAR NICHT.

Dass zu viele und zu frühe Besuche uns junge Mütter stressen, haben wir gelesen (früher oder später), dass wir weniger Stillprobleme haben, weil wir weniger Besuch empfangen DANK Pandemie.

Wovon wir gehört haben: von Brustentzündungen – *SCHLIMMER ALS WEHEN!* – von Stillhütchen, *wer braucht das bitte?!*

Was ich sehe (später, zu Hause): BLUT aus dem Mund meines Babys und wie es sich anfühlt, DIE LÖCHER IN MEINEN BRUSTWARZEN, wir kaufen ZU SPÄT Stilleinlagen, wir kaufen Stillkompressen, wir kaufen am Ende die Stillhütchen, wir probieren verschiedene Heilsalben aus.

Wir hören: *Es wird besser*, genauso wie das Bauchweh, das *Bauchweh*, sagen sie, ist bei den Buben schlimmer, das *Bauchweh* geht nach drei Monaten vorbei, wie lange drei Monate sind, fragen wir uns, SCHREIBABYS, haben wir gedacht, haben immer nur die anderen. Die Muttermilch ist das Beste, hören wir immer wieder, aber unsere Muttermilch verursacht SCHMERZEN, die Verdauung ist noch nicht entwickelt, haben wir gelesen, ich denke: Evolution, DU BITCH.

Was wir lernen: Das Baby braucht den Busen, das Baby braucht uns, braucht *die Mama,* der Papa tut, was er kann (*der Mann könnte zum Beispiel den Haushalt übernehmen*, haben wir gelesen), der Papa hat keinen Busen, der Papa hat keine Milch, der Papa tut alles, was er kann, aber wir sind die Mama, wir wollten es wissen, wir wollten wissen, wie es ist, die Mama zu sein.

DAS IST BEI JEDER FRAU ANDERS, ABER:

Wir werden anfangen, von uns in der dritten Person zu sprechen. Wir werden unser Gesicht zu Grimassen verziehen, wenn wir mit dem Baby sprechen, unsere Stimme wird höher sein, die Hormone, lesen wir, werden uns helfen beim Schlafentzug, die Hormone werden abfallen, lesen wir auch, wir werden bluten, eine Woche lang, lesen wir, das Blut wird dann bräunlich werden und gelblich, der WOCHENFLUSS wird verebben, aber vielleicht wird es anders sein, JEDE FRAU IST ANDERS, vielleicht werden wir vier Wochen lang bluten oder fünf, vielleicht sogar sechs. Dann kann es Monate dauern, bis wir wieder bluten, hören wir. Auf die VERHÜTUNG werden wir hingewiesen, schon im Krankenhaus, von der Frauenärztin später, *auch wenn Sie stillen*, lesen wir überall, *können Sie wieder schwanger werden*.

Wir werden hören, dass in anderen Ländern kaum gestillt wird, dass die Frauen gleich wieder arbeiten gehen (DÜRFEN, KÖNNEN, MÜSSEN), dass auch bei uns nicht immer gestillt wurde, als die Babynahrung aufkam zum Beispiel, wir werden JETZT hauptsächlich hören, wie wichtig das Stillen, *Mütter sollen ihre Neugeborenen nach Angaben der WHO auch bei vermuteter oder bestätigter Corona-Infektion stillen*, wir werden hören, dass wir MINDESTENS! ein halbes Jahr stillen sollen (das Immunsystem!), aber auch nicht ZU LANGE, (*drei Jahre, um wessen Bedürfnisse geht es da?*), die Brustwarzen werden verheilen, das Bauchweh wird besser werden, wir werden stolz sein, wie viel Milch wir haben, wir werden uns schlecht fühlen, weil wir zu wenig Milch haben, wir werden stillen (mal sehen, wie lange), stundenlang stillen und unserem Baby dabei zusehen, wie es an der Brustwarze saugt, bis es zufrieden einschläft, *alle Mütter können ihr Baby stundenlang ansehen*. Wir werden finden, dass unser Baby das hübscheste ist, WEIL: Unser Baby wird das hübscheste sein.

Wir werden unserem Baby also stundenlang zusehen ODER: Wir werden während des Stillens auch mal ein Buch lesen ODER: Wir werden unserem Baby dabei zusehen, wie es an der Brustwarze reißt, und uns fragen, was los ist UND: Wir werden lernen, Dinge mit einer Hand zu tun, wir werden mit dem Fuß das Handy zu uns heranziehen und mit einem Finger der linken Hand Babyfotos verschicken, wir werden, wenn wir Glück haben, in der Nacht nur ein paar Mal aufwachen und *Bauch an Bauch* mit unserem Baby liegen und wieder einschlafen und wieder aufwachen, die Seite wechseln, wir werden das Baby mit unserer Decke zudecken, obwohl wir gelesen haben: *Decken Sie das Baby auf keinen Fall mit der eigenen Decke zu.*

Wir werden sofort TOTAL in die Mutterrolle hineinkippen oder langsam hineinwachsen oder für immer damit hadern, wir EGOISTINNEN, werden wir heimlich denken und verzweifeln, weil wir nie, fast nie, nie mehr, *in zehn, zwanzig Jahren dann wieder*, in Ruhe etwas zu Ende machen können, zumindest solange wir stillen, EINE SYMBIOSE haben wir gehört, wir werden nach anderen Müttern Ausschau halten, wir werden uns dann *natürlich!* vor allem mit anderen Müttern befreunden, es wird dann *wirklich?* vor allem ums Muttersein und um Babys gehen. Wir werden überall Frauen mit Kinderwägen sehen, Männer mit Tragetüchern, wir werden unseren Kinderwagen mit den anderen Kinderwägen vergleichen, wir werden unser Baby mit den anderen vergleichen, *schon so groß!*, so wie früher den Bauch, *mei, so klein!*, wir werden überall nur mehr Jungeltern sehen, aber wir werden nie, wirklich nie eine andere stillende Mutter in der Öffentlichkeit entdecken, auf keiner Parkbank, in keinem Café, keinem Restaurant, in keinem parkenden Auto, wir werden uns Nischen suchen, in denen es nicht zieht (die Brustentzündung!), wir werden uns

Nischen suchen, in denen man uns nicht sieht *(das Natürlichste der Welt)*, wir werden hören: Wir könnten ein Tuch über das Baby und unsere Brust legen, ich sage (ich übertreibe kaum): Mit der Geburt habe ich jegliche Scham verloren.

Wir werden uns, vielleicht, JEDE FRAU IST ANDERS, ich werde mir eine Milchpumpe gekauft haben. MUUHH, werde ich hören, wenn ich davon erzähle, und mich fühlen wie eine Kuh, wenn die Muttermilch in den Trichter, durch die Membran, den Schlauch (wir werden die Reinigungsanleitung sehr genau gelesen haben) in das Fläschchen tropft, ich werde mir TROPFEN FÜR TROPFEN ein bisschen Freiheit, ein Abend, eine Nacht alleine bei einer Veranstaltung zum Beispiel. *Ich finde das so cool, dass du das machst*, werde ich hören, *ich wünschte, ich hätte das auch gemacht,* werde ich hören, *ich könnte das nicht*, werde ich hören, *alles hängt vom Partner ab,* werde ich hören, *du hast einen guten Partner*, ich werde mit prall und praller werdenden Brüsten mit meiner Milchpumpe in der Handtasche ein Bier trinken und eine Zigarette rauchen, ich werde *natürlich!* alles zum Abbau von Alkohol und Nikotin im Körper gelesen haben, und falls mich wer fragt, werde ich sagen (ich werde kaum übertreiben): *Ich habe eh einen Liter Milch abgepumpt.*

ODER: Ich werde mit meinem Baby auf eine Party gehen, werde mein Baby im Arm halten, während ich alkoholfreies Bier trinke, ich werde endlich ein alkoholfreies Bier gefunden haben, das mir schmeckt, ich werde sehr viel alkoholfreies Bier trinken, wegen der

Kalorien, ich werde so viel Schokolade essen wie noch nie (*nicht Hungern, aber auch keine Völlerei*, haben wir gelesen, ABER). Ich werde den anderen Müttern dabei zusehen, wie sie die Kinder zusammenpacken und nach Hause gehen, werde beobachten, wie nur mehr die Männer übrig bleiben, wie die Männer zusammensitzen und Bier trinken (die meisten haben in der Schwangerschaft aufgehört zu rauchen, IMMERHIN), ich werde auch nach Hause gehen, mich mit dem Baby ins Bett legen, während mein Mann –

Lassen Sie sich auf die Rolle ein, haben sie uns gesagt, *die Zeit vergeht so schnell*. DIE ZEIT, wir werden uns entschließen, uns in dieser Zeit auf das Kind zu konzentrieren, BIS ZUM KINDERGARTEN, wir werden in dieser Zeit nicht schreiben (oder was immer es ist, das uns treibt), weil Schreiben ALLES fordert ODER: Wir werden um sechs, halb sechs, um fünf, wir werden, wenn es sein muss um vier Uhr in der Nacht nach dem Stillen aufstehen, UNS DAVONSTEHLEN, wir werden das Kind im Bett bei Papa, *das Kind nicht im Bett schlafen lassen*, haben wir gelesen, ABER in unserem Bett riecht es nach uns, *auf keinen Fall, wenn Sie etwas getrunken haben*, außer also wenn der Papa was getrunken hat, wir selbst würden uns nie – DAZU GIBT ES STUDIEN! – auf unser Baby drauflegen im Schlaf, wir werden das Kind also guten Gewissens im Bett bei Papa ODER, wenn der Papa nicht da ist, wenn der Papa *in den meisten Fällen* arbeiten geht, wenn es *vielleicht!* gar keinen Papa gibt, allein im Bett – das Bett riecht nach uns – lassen, wir werden koffeinfreien UND koffeinhaltigen Kaffee trinken, wir werden VIELLEICHT – wir haben gelernt, nachsichtig mit uns zu sein, wir haben gelernt, wir lernen: MUTTER zu sein – den einen oder den anderen Text zu Ende schreiben UND: Das ist erst der Anfang.

Franziska Hauser

WECHSELJAHRE TREFFEN AUF PUBERTÄT, TREFFEN AUF LOCKDOWN UND ERINNERN AN MAUERFALL

Mit 25 Mutter, mit 50 Großmutter und mit 75 Urgroßmutter. So lief es wie ein zuverlässiges Uhrwerk bei meiner Großmutter, meiner Mutter und mir.

Mit 46, schon schiebe ich jetzt meine Enkeltochter im Buggy zum Wochenmarkt und muss aufpassen, nicht zu platzen vor Stolz, wenn sie Oma sagt.

Sie ist die Tochter meines Sohnes, den ich mit 25 bekommen habe.

»Warum kriegt man Kinder?«, fragt meine sechzehnjährige Tochter. Sie will einen vernünftigen Grund hören, aber mir fällt keiner ein. Mir fällt nur ein, dass ich damals, als mein Sohn geboren war, beschloss zu warten, bis ich das zweite Kind wieder genauso sehr wollen würde wie das Erste. Ich wollte die Erfahrung, das erste Kind zu bekommen, zweimal haben. Nach dreieinhalb Jahren war es so weit.

»Warum ich das wollte, kann ich dir echt nicht sagen, nur dass es total dringend war.« Meine Tochter ist nicht zufrieden mit der Antwort. Momentan ist sie sowieso mit gar nichts zufrieden. Meine Antwort hält sie für so einen ausweichenden Mama-Text, den ich mir für komplizierte Fragen zurechtgelegt habe. Anstatt die Sache einfach mal klarzustellen, versuche ich nur irgendwie rüberzubringen: keine Ahnung, hab dich lieb.

Vielleicht spürt sie dieses tickende familiäre Uhrwerk ablaufen, wonach sie in neun Jahren dran wäre. »Was denkst du denn, warum man Kinder kriegt?«, frage ich. Im Gegensatz zu mir, muss sie nicht lange nachdenken: »Na, weil man nicht allein sein will.«

In Gesprächen mit Freunden hatten wir immer wieder Erklärungen fürs Kinderkriegen gefunden. Zum Beispiel das Bedürfnis Prioritäten zu setzen, um herauszufinden, was wirklich von Bedeutung ist im Leben. Aber, nicht allein sein zu wollen, erschien mir jetzt der dringendste Grund von allen. Aus dem Mund meiner sechzehnjährigen, im Homeschooling gefangenen Tochter war es jetzt auch der traurigste Grund. »Naja und man will wissen, wie es aussieht und ob es so ist wie man selber«, sagt meine Tochter noch.

Als ich mit 20 und mit 23 schwanger war, wurde mein Wunsch nach einem Kind nach zwei Fehlgeburten immer dringender. »Du musst deine Füße erstmal richtig in die Erde stecken, Mädchen«, sagte mir ein Heilpraktiker, »du bist ja selber noch gar nicht richtig angekommen«, und verschrieb mir einen Kräutertee, der mir offenbar half, Wurzeln zu bilden.

Aus blinder Verliebtheit wissen zu wollen, wie unser Kind aussehen würde, wäre 15 Jahre später beinahe nochmal ein Grund gewesen, als ich mich vom Vater meiner Kinder getrennt und meinen jetzigen Mann kennengelernt hatte. Glück vermehrt sich durch Teilung. Manchmal durch Zellteilung. Aber dafür waren meine Füße schon zu tief in der Erde. Dafür war ich schon zu sehr angekommen in der Welt, in der Gesellschaft und der Alltagsrealität. Zu vernünftig für so etwas Unvernünftiges wie Kinderkriegen.

Mein Sohn hatte die erste Freundin und langsam verschoben sich die Prioritäten. Ich wurde nicht mehr so sehr gebraucht, nicht mehr rund um die Uhr. Mein Körper gehörte wieder mir, wurde nicht mehr eruptiv beschlagnahmt. Mein Kopf durfte sich wieder eigene Gedanken machen, musste keine Kinderfragen mehr verstehen, die ja bekanntlich die kompliziertesten sind.

Auch heute noch sind die Fragen meiner Tochter kompliziert, obwohl wir einander viel nähergekommen sind, was den Intellekt betrifft. Auch die Arbeitsteilung im Haushalt funktioniert endlich. Aber wir entfernen uns in unseren Interessen und der körperlichen Nähe. Nur auf den Haaransatz lässt sie sich noch küssen und manchmal umarmen. Füße massieren, auch erlaubt.

Als meine Tochter 15 wurde, begann eine Pandemie und alles änderte sich. Als ich 15 wurde, gab es einen Mauerfall und alles änderte sich. Meine Mutter war in den Wechseljahren wie ich jetzt. Im Neuorientierungs-Chaos der Nachwendezeit hatten viele DDR-Mütter ihre jugendlichen Kinder vorübergehend komplett vergessen, und ich musste allein klarkommen mit der Freiheit, die bis dahin so begrenzt war in unserem kleinen sicheren Land, von dem ich meiner Tochter jetzt zu erzählen versuche: Damals, als es noch normal war, dass Frauen nicht erledigt waren, wenn sie ohne Ernährer Kinder bekamen, war es eine alberne Vorstellung, dass Mütter im Westen noch an den Herd gestellt wurden. Das kam mir so infantil vor wie ein Mutter-Vater-Kind-Spiel im Kindergarten. So war das doch zu Hause nicht wirklich, oder?

Als ich einen neuen Westberliner Schulfreund nach der Arbeit seiner Eltern fragte, nannte er nur den Job seines Vaters. »Und deine Mutter?«, fragte ich. Er sah mich irritiert an »Meine Mutter? Was soll sie arbeiten?« Unfassbar für mich, dass ein erwachsener Mensch nicht arbeitete. Offenbar hatte ich da irgendetwas ganz Entscheidendes nicht geschnallt.

»Hier, kauf dir mal was Schönes«, sagten immer mal wieder alte Westberliner Männer aus unserer neuen Bekanntschaft und drückten meiner stolzen starken Mutter gnädig einen Schein in die Hand, wie einem armen Kind. Die lachte nur und das verstand im Westen keiner. Geld schien plötzlich der höchste Wert im Leben zu sein. Das verstand im Osten keiner. Jedenfalls nicht gleich. Aber nach einer Weile dann doch und neuerdings haben wir es ja sogar so eingerichtet, dass ein Kind ein Privatvergnügen ist, wie ein Segelboot. Das verstehen jetzt endlich alle. Ich erkläre also meiner Tochter, warum ich nicht auf die Idee gekommen bin, erst nach dem Studium Kinder zu bekommen. Dass wir immer so wenig Geld hatten, lag nämlich vor allem daran, dass ich es nicht schnell genug verstanden hatte, mit dem Ernährer und dem Segelboot.

Stell dir vor, im Osten gab es von allem nur eine Sorte. Milch, Butter, Mehl, Rasierapparate, Schuhe für die Jugendweihe, da musste man überhaupt nichts selbst entscheiden. Unsere Autos waren aus Hanf und Kunststoff zusammengeklebt, und wir durften Kinder kriegen, so viele wir wollten, selbst wenn wir gar kein Geld hatten. Niemanden störte das. Unsere Segelboote mussten wir sowieso selber bauen.

Ich versuche zu beschreiben, warum eine Mangelwirtschaft ein cooleres Gemeinschaftsgefühl erzeugt als eine Überflussgesellschaft, und dann passiert es, dass ich meine geliebte friedliche, farblose Kindheit in diesem kleinen Land verkläre.

Am Herd zu bleiben, hätte meine Mutter zwar wahnsinnig gemacht, aber so richtig zufrieden habe ich diese Mutter auch nicht in Erinnerung. Sie hätte doch reisen wollen und ihre Klamotten gerne mal gekauft, anstatt sie immer selber nähen zu müssen.

Außerdem musste sie zusehen, dass der Staat sich ihrer beiden Töchter nicht zu sehr bemächtigte. Mit acht Wochen übernahm die Kinderkrippe die Erziehung, das Trockenwerden, die Pflichtimpfungen und fühlte sich auch gleich für die Bevormundung der Eltern zuständig. Wer in einer anderen Stadt studierte, hatte seine Kinder in der Wochenkrippe, wo es oft streng zuging. Die Großeltern waren noch jung und hatten ihre Arbeit.

Ich war aufgewachsen in einem Land ohne Hausfrauen, ohne Arbeitslose, ohne Obdachlose und ohne finanzielle Abhängigkeiten. Alleinerziehende Mütter waren nicht schlechter dran als welche mit Partnern. Kinderlosigkeit wurde eher mitleidig registriert, genauso wie die extrem seltenen Mütter und Väter, die sich gegen die gesellschaftliche Norm durchsetzten und doch Hausfrauen oder Hausmänner wurden.

Ich war zu unbekümmert, um zu verstehen, dass es nach der Maueröffnung anders lief. Eine Amerikanerin erklärte mir: Ein Kind ist ein Projekt für mindestens zehn Jahre. Da bist du raus. Das musst du dir erstmal leisten können. Ich verstand nicht, was sie damit meinte. Ein Kind, ein Projekt? Segelboot?

Meine gleichaltrigen Freundinnen hatten den Kapitalismus auch nicht gleich verstanden, und so folgten wir dem alten Uhrwerk und fingen mit Anfang zwanzig an, Kinder zu bekommen, als wären wir noch in der DDR. Waren wir ja auch. Bewegt hatten wir uns nicht. Während sich ringsherum alles bewegte, machten wir einfach, was unsere Mütter gemacht hatten.

»Wie lange wollen Sie dem Steuerzahler noch auf der Tasche liegen?«, fragte mich die Bearbeiterin des Arbeitsamtes. »Wenn Sie jetzt noch ein Kind kriegen, wird ihr Leben auch nicht einfacher. Sie können Ihrem Kind doch überhaupt nichts bieten!«

Was ich ihr in diesem Moment ins Gesicht hätte brüllen wollen, ist mir natürlich erst auf dem Heimweg eingefallen. Stattdessen steckte ich schockiert meinen Mutterpass wieder ein und versuchte den Kloß in meinem Hals runterzuschlucken. »Ich will doch gar nicht, dass mein Leben einfacher wird, ich brauche eine Aufgabe! Und wenn meine Arbeitskraft hier nicht gebraucht wird, dann will ich wenigstens Kinder kriegen. Die brauchen mich. Und was ich ihnen bieten kann, das ist: EIN LEBEN!«

Ich fragte mich, ob die Beamtin ihre Sprüche in ihrer Ausbildung gelernt hat. Auf diesen Kampf war ich nicht vorbereitet.

Als »Sozialhilfe-Bedarfsgemeinschaft« brauchten Peter und ich eine Menge Freunde.

Meine Hauptaufgabe bestand, neben meiner geringfügigen Beschäftigung darin, für unsere Kinder alles, was Geld kostet, gebraucht, geborgt, geschenkt, getauscht und manchmal geklaut zu besorgen. Dem Vater der Kinder hatte die Wende auch einen Strich durch die Ausbildung gemacht. Er verdiente Geld, wo er konnte, manchmal reichte es, manchmal nicht.

Wenn meine Tochter zum Tanzkurs ging, den wir nicht bezahlen konnten, dann wischte ich danach die Halle. Wenn die Kinder im Oktober noch mit Sandalen rumliefen, fragte ich Freunde und Bekannte nach alten Winterschuhen. Das klappte nicht immer, dann steckte ich in der Kinderschuhabteilung die alten Schuhe ins Regal und die Kinder mit den neuen Schuhen in den Buggy. Wenn unsere Waschmaschine kaputt war, schleppten wir die Wäschesäcke so lange zu Freunden, bis sich jemand aus dem Bekanntenkreis eine neue kaufte und wir die alte bekamen. Wenn wir am Wochenende einen Ausflug machten und mit den Rädern in der S-Bahn aus der Stadt rausfuhren, hatten wir einen geschulten Blick für Kontrolleure und den richtigen Trick im richtigen Moment. 30 Euro für alle Tickets mit Rädern waren nicht drin.

Die Zeit war ausgefüllt mit der Organisation des kleinsten Alltags, unser Leben funktionierte vor allem durch die Beanspruchung von Hilfe. Wir profitierten davon, in einer Gesellschaft zu leben, in der die meisten Menschen genug oder zu viel besitzen und gar nicht so ungern etwas abgeben, wenn es jemand wirklich braucht. Wir brauchten es wirklich.

Ich kannte Sozialhilfe-Familien, die ihren Status geheim hielten, weil es ihnen peinlich war, wenn die Schule wusste, dass Bücher und Klassenfahrten vom Amt bezahlt wurden. Das entsprach aber nicht meiner Art der Lebenslüge.

Die Briefe des Sozialamtes waren in militärischer Befehlsform formuliert, als sollte ich mich dafür schämen, dass ich nicht in der Lage war, mich umgehend, mitsamt der Kinder, in Luft aufzulösen.

Dann sah ich mich mit erschrockenem Blick im unendlichen Spiegel, mit einem Schrubber in der Hand im Tanzsaal stehen. Hatte ich einen Ablenkungstrick angewandt, um mich nicht als Verliererin sehen zu müssen?

Ich hatte daran geglaubt, dass es mit unterstützendem Umfeld und mit der Fähigkeit zur Improvisation in dieser Gesellschaft möglich sein musste, meinen Kindern mit genug Zeit und ohne Geld eine genauso gute Kindheit zu bieten wie mit Geld und ohne Zeit.

Es ging nicht. Und für alle anderen Sozialhilfe-Kinder, -Mütter und -Väter ging es auch nicht.

Der Kraftaufwand war riesig, was gerade dringend gebraucht wurde, konnte einfach nicht gekauft werden. Vieles bekam ich trotz meiner unerschütterlichen

Hartnäckigkeit, alles ins Positive zu zwingen, einfach nicht hin. Obwohl eine Freundin die Kinder kostenlos homöopathisch behandelte, fehlte dann wieder das Geld für die Kügelchen.

Aber im Gegensatz zu Geringverdienern, die auch nicht Bio kaufen konnten, hatte ich Zeit mit den Kindern zu basteln, Weihnachtskalender zu nähen, Freunde auf dem Land zu besuchen, Bücher vorzulesen, sie mit guter Musik und guten Büchern und guten Filmen aus den Bibliotheken zu füttern und sie in die Schwierigkeiten unseres improvisierten Lebens einzubeziehen.

Solange es um die Kinder ging, störte mich die Parasitenrolle nicht. Wenn mir jemand vorwarf, dass man keine Kinder kriegen sollte, wenn man kein Geld hat, hielt ich das Argument dagegen, dass man es auch nicht tun sollte, wenn man lieber arbeitet, als sich mit seinen Kindern zu beschäftigen. Der Stolz, aus billigen Lebensmitteln Gutes gekocht zu haben, oder bei der Tanzaufführung zwischen den Eltern zu sitzen, die sich die 50 Euro Kursgebühr im Monat leisten können, oder meinen Sohn sagen zu hören: »Ist eigentlich nicht so schlimm, dass ich unechte Chucks habe«, hat mir als Antrieb gereicht, um weiterzumachen.

Ich wollte nie viel Geld brauchen müssen und das Kinderhaben als Selbstverständlichkeit ansehen, nicht als Belastung. Belastend war es aber für die Kinder, die immer wiederkehrenden Geldprobleme mitzukriegen. Dass wir uns so oft durchmogeln mussten, gefiel ihnen nicht.

Und was war mit dem Beruf, der Berufung, der so genannten Selbstverwirklichung?

Ich gab Selbstverteidigungskurse an Grundschulen, arbeitete als Fotografin in Kitas, als Archivarin für einen Fotografen, als Sekretärin in einer Agentur, als Betreuerin für einen Rentner, nahm als Heimarbeiterin Aufträge an, war Verkäuferin, Kellnerin und unterrichtete Deutsch als Fremdsprache. Das Schreiben musste irgendwie dazwischen gequetscht werden. Ich schrieb in der S-Bahn, auf dem Weg von einem Job zum nächsten, oder in den 20 Minuten, während die Kartoffeln kochten.

Eigentlich wollte ich den Kindern nur ein unverbogenes Vorbild sein, wollte machen, was ich am besten konnte und am meisten wollte. Kinder kriegen unter anderem. Langsam musste ich feststellen, dass ich mich aber doch oft verbog. Für die Kinder habe ich gelächelt, wenn ich heulen wollte.

Die Erinnerungen daran, wie mein Sohn wochenlang jeden Tag vor dem Feuerwehrboot im Supermarkt saß, oder meine Tochter lieber ein gekauftes Faschingskostüm gehabt hätte als das, woran ich tagelang genäht hatte, oder mein täglicher Umweg, den ich nahm, um nicht am Ökomarkt vorbeikommen zu müssen, auf dem ich mir nichts leisten konnte, oder der letzte Tag eines Monats, an dem das Konto leer war, bis auf den einen Euro für den Einkaufswagen, wir nicht mal mehr Nudeln hatten und uns alle bei meiner Schwester zum Essen einluden, sollten irgendwann als Witz betrachtet werden. Das wird es hoffentlich nicht sein, was meine Kinder mir irgendwann vorhalten werden.

Vielleicht ist es gut, nicht zu wissen, was es sein wird, und sicher ist, dass sie sich auch an sehr viel Schönes erinnern werden. Wer nichts hat, dem kann man nichts wegnehmen, das kann dem Leben auch eine unbezahlbare Leichtigkeit geben.

Als sie geboren wurden, fing ich an, wirklich glückliche Momente aufzuschreiben, was zum Beispiel so aussah: »Aug. 05. Spaziergang abends im Feld bei Berlin mit den Kindern ins Korn gelegt, Peter auch guter Laune.«

Das sind trotz ihrer Unscheinbarkeit Dokumente, die mir zeigen, dass Glücklichsein nur bedingt mit Geld und Karriere zu tun hat. Im Westen dachte man, wir hätten in der DDR unter der Mangelwirtschaft gelitten. Aber woran es uns mangelte, das war nur der unnötige Luxus. Die Grundbedürfnisse: das bezahlbare Wohnen und Essen, das Recht auf Arbeit, ausreichende Freizeit und Erholung standen jedem zur Verfügung, ob er wollte oder nicht. Wer nicht zur Arbeit kam, bei dem klopfte nach drei Tagen die staatliche Fürsorge. Das Existieren war billig, der Luxus teuer. Seit der Wende ist es umgekehrt. Und das ist nicht nur für eine Gesellschaft ungesund, sondern besonders für unsere Umwelt.

Damals lebte ich als Studentin mit Peter, dem freiberuflichen Dramatiker, und mit unseren kleinen Kindern in existenziellen Schwierigkeiten, von denen man im Westen geglaubt hatte, so hätte man im Osten gelebt. Aber im Osten zahlte meine Mutter nur zehn Prozent ihres Einkommens für die Miete, im Westen zahlten wir plötzlich fünfundsechzig Prozent, während der Luxus tat, als wäre er billig zu haben. Ohne unsere Grundbedürfnisse bezahlen zu können, war es, als steckten wir in einem Sumpf, mit unerreichbaren, aber immer vor Augen gehaltenen Verführungen: Reisen, Geräten, Vergnügungen, alles billig und doch zu teuer, weil allein unser Wohnen und Essen jeden Monat nach dem letzten Cent verlangte.

Nie war ich mir in der DDR so eingesperrt vorgekommen wie in diesem neuen Hochleistungsalltag, in dem wir weder stehen bleiben noch krank werden durften, weil das Nichtfunktionieren unsere Existenz bedrohte. Eine Anstellung bekam ich mit den kleinen Kindern nicht, arbeitete auf Rechnung, der Vater auch und wenn ein Kind Fieber bekam, mussten wir Geld borgen für die Miete.

Trotz allem schien Geld zu dieser Ehe nicht zu passen, und als das Geld kam, weil die Kinder größer wurden und uns mehr Zeit ließen, es zu verdienen, da ging die Liebe.

Fürs Reisen reicht es zwar auch jetzt nicht, denn auch der neue Mann ist aus dem Osten und hat eine Menge Kinder, aber endlich kann ich mich auf dem Ökomarkt sehen lassen.

Die Wiedervereinigung war damals positiv und mitreißend und unvermeidbar. Denn eine Mauer zu bauen, weil man erlebt hat, wie Menschen sich in Wahnsinnige verwandeln können, funktioniert offenbar nicht für die nächste Generation, die diese Maßnahme nicht mehr einsieht. Dem braunen Terror die rote Diktatur entgegenzusetzen, lässt sich als Lehre nicht vererben. Aber wie die DDR nach 1989 ausverkauft und geplündert wurde, daran war nichts Positives. Bis heute zirkuliert das Geld im Westen. Mein Sohn hat das schnell erkannt und lebt mit Frau und Kindern als Zimmermannsmeister in Schleswig-Holstein. Sein Uhrwerk geht ein paar Jahre vor. Er hat etwas Zeit übersprungen, um sich seiner älteren Freundin anzupassen. Eine Kindheit, die aus Improvisationen besteht, will er für seine Kinder nicht.

Meine Tochter will das auch nicht. Sie will dasselbe, was ich mit 16 wollte: Reisen, Shoppen, Ausgehen und Kultur konsumieren.

Für mich war das in ihrem Alter zum ersten Mal möglich. Endlich durften wir alle Filme sehen, alle Bücher lesen, jede Musik hören, jeden Radio- und Fernsehsender und wurden im selbständigen Denken nicht mehr nach Formeln geschult, endlich gab es Clubs, Kneipen und Kinos.

Die Pandemie ist nicht positiv und mitreißend. Sie ist traurig, lähmend und bitter. Meiner Tochter verschließt sich jetzt wieder, was sich für mich damals öffnete: Reisen, Shoppen, Ausgehen.

Zur Ablenkung beschäftigen wir uns mit dem Wohnen. Die hormonellen Gereiztheiten, die uns manchmal überwältigen, sorgen für mittlere Explosionen im Haushalt, in dem wir miteinander auskommen müssen, ob wir wollen oder nicht. Andererseits erhöhen Wechseljahre, die auf Pubertät treffen, auch das gegenseitige Verständnis für die unberechenbaren Gefühlsschwankungen.

An Zukunftsangst kann ich mich nach der Wende nicht erinnern, obwohl sie berechtigt gewesen wäre.

Jetzt, während der Pandemie, ist die Zukunftsangst enorm. Was mich beruhigt, ist die Gewissheit, dass alle Großeltern zu jeder Zeit diesen Satz gedacht haben: Was sind das nur für Zeiten, in die meine Enkelkinder hier geboren wurden?

Die Sorge um das Seelenheil meiner Tochter lässt mich vor allem nachts in Panik verfallen. Und was ist mit dem Uhrwerk? Wird sie dem folgen, oder wird sie über die Zeiger springen und sich keinen ideologischen oder finanziellen Zwängen unterwerfen?

Jede Bewegung erzeugt eine Gegenbewegung. Vielleicht wird ja die negative Pandemie auch viele positive Folgen haben, genauso wie die positive Wiedervereinigung viele negative Folgen hatte. Was ich ihr wünsche, ist, dass sie ihre Kinder nicht aus Einsamkeit bekommt, sondern lieber aus übermütiger Verliebtheit und dem Bedürfnis, das Glück zu teilen.

Katja Bohnet

MEINE MUTTER, DIE SERIENMÖRDERIN

Aus »Wahre Tode«, Ausgabe Frühjahr 2018

Wir sterben immer zweimal. Einmal im Moment unserer Geburt. Wir verlassen das gelobte Land. Wir treten in die Hölle ein. Das nächste Mal, wenn wir selbst gebären und den Schwachen abverlangen, in dieser Hölle zu leben. Erst der Tod erlöst uns. Er schenkt uns Frieden.

Ich erinnere mich noch genau an meine Geburt. Die Angst, die Mutter und ich empfanden. Sie schrie, eine Verzweifelte. Ich weinte Fruchtwasser. Ich wehrte mich, stemmte meine Füße gegen die Wand der Gebärmutter. Wenn ich schon sein musste, wollte ich lieber bleiben. Sein und doch nicht ganz sein. Die Überzeugung, das Leben nicht zuzulassen, lieber zu verharren in dieser Zwischenwelt, dieser Kampf verband Mutter und mich zeitlebens. Aber was bedeutet schon der Wille eines Ungeborenen gegen die Natur? Wir sind nichts im Angesicht des Lebens. Wir folgen einem uralten Plan, einem Orakel. Einem Fluch, den niemand brechen kann.

Mutter schrie, wir schrien beide, als ich in diese Welt geworfen wurde. Mutter sagte später, als sie mich müde betrachtete: »Du armes Ding!« Sie nannte mich Norellie.

Heute habe ich eine Firma. Mutter hat einen Hang zur Gewalt.

1976

Ich war sieben Jahre alt, als ich Mutter das erste Mal fragte: »Wo ist mein Vater?«

Mutter sah mich ernst an. »Wo? Du stellst die falsche Frage. Wann ist dein Vater? Denn er stammte nicht aus dieser Zeit.«

Gehorsam wiederholte ich: »Wann ist mein Vater?«, obwohl ich weder den Einwand noch die Frage verstand. Aber daran hatte ich mich bei Gesprächen mit Mutter bereits gewöhnt.

»Er lebt in einer Zeit vor unserer Zeit.«

»Kann ich ihn dort besuchen?«

»Vertrau mir, mein Schatz, es lohnt sich nicht.«

Sie wollte wissen, warum ich mich für meinen Erzeuger interessierte. *Erzeuger.*

Ich erklärte ihr, dass alle Kinder einen Vater hätten. Väter holen ihre Kinder ab. Sie fuhren große Wagen. Sie trugen ihre Kinder auf Schultern. Schenkten ihnen Fahrräder.

Mutter nahm mich huckepack, obwohl ich mich wehrte. Danach trug sie mich über die Straße. Sie erzählte der Nachbarin eine absurde Geschichte, in der ihr eigenes Auto defekt war und wir wegen eines dringenden Termins (Läuse, Todesfall in der Familie, so genau erinnere ich mich nicht mehr) ihren Wagen leihen mussten. Der Wagen war ein rotes Coupé mit Verdeck und kreisrunden Scheinwerfern, die wie Augen neugierig in die Welt schauten.

Mutter verbot mir, mich anzuschnallen. Ohne Gefahr mache hohe Geschwindigkeit keinen Spaß. Sie war eine hervorragende Fahrerin, auch wenn sie ständig zu dicht auffuhr und hupte. Wenn sie andere Autos überholte, lachte sie oft laut. Manchmal winkte sie den Überholten. Sie klappte das Verdeck zurück und brauste mit mir über die Landstraßen. Als sie mich in den Kindergarten zurückbrachte, hatte ich das Waffelbacken in unserer Gruppe verpasst.

»Vermisst du meinen Erzeuger?«, fragte ich Mutter, bevor ich ausstieg.

»Nicht die Bohne«, sagte sie. »Du?«

Ich war mir unsicher. »Vielleicht.«

»Vergiss ihn!«, befahl sie mir. Dann schaute sie mir tief in die Augen. »Dich würde ich vermissen. Und jetzt zisch ab!«

Als ich die Treppen zum Kindergarten emporstieg, rief sie mir nach: »Nach Hause läufst du aber.«

Dann brauste sie mit wehenden Haaren davon. Am Wendehammer legte sie noch einen Powerslide hin, bei dem die Reifen des Coupés qualmten. Steinchen spritzten durch die Luft. Die Kinder der Hasengruppe drückten sich an der Fensterscheibe des Kindergartens die Nasen platt.

Etwas später, es muss im Sommer gewesen sein, riss ich Stubenfliegen die Flügel aus, manchmal blies ich

Frösche auf oder verbrannte mit dem Brennglas Ameisen. Wenn ich Freundinnen zum Spielen mit nach Hause brachte, unterhielt sich Mutter ausführlich mit ihnen. Sie fragte sie regelrecht aus. Wenn sie keinen so ausführlichen Wissensdrang gehabt hätte, hätte sie sicherlich nicht bemerkt, dass das süße blonde Mädchen, mit dem ich immer mittwochs im Garten an unserem Baumhaus baute, ein Junge war. Ich liebte diesen Freund. Ich liebte ihn wirklich sehr.

»Hauptsache«, sagte Mutter, »ihr haltet euch fern von dem Goldregen. Goldregen ist Gift für …«, sie wirkte nachdenklich, »… Kinder«, ergänzte sie.

Der Goldregen blühte im Frühjahr in strahlendem Gelb. Mutter betonte immer, wie erstaunlich gut diese Pflanze bei uns gedieh. »Die helle Farbe«, sagte Mutter, »lockt euch schon von Weitem.«

Finold Fonecker hatte keine Freunde. Jungen mochten ihn nicht, weil er sich nicht wie sie benahm. Mädchen mochten ihn nicht, weil er ein Junge war. Obwohl Finold – ich nannte ihn Fini – sich jede nur erdenkliche Mühe gab, wie ein Mädchen auszusehen. Einmal fand ich ihn vor meinem verspiegelten Kleiderschrank, als er lange vom Pinkeln nicht wiederkam. Er trug eines meiner Nachthemden. Kritisch betrachtete er sich.

»Steht dir, Fini«, sagt ich. Es ärgerte mich, dass er damit besser aussah als ich.

Finold lächelte. Er lächelte nicht mehr, als Mutter ihn einmal auf der Toilette überraschte. Nachdem er sich die Hände gewaschen hatte, bat Mutter ihn zu sich. Ich wartete im Garten und wunderte mich, wo mein Freund so lange blieb. Als ich in die Küche kam, hörte ich noch, wie meine Mutter sagte: »Deshalb wäre es besser, wenn du dieses Haus nicht mehr betrittst.« Ihr Gesicht war Finolds ganz nah. Ihre Stimme klang ganz leise und gleichzeitig scharf wie eine Messerklinge. Erst, als sie sich zurückbeugte, rannte Finold an mir vorbei. Als Mutter mich sah, schüttelte sie vorwurfsvoll den Kopf.

Fini kam ein paar Tage lang nicht mehr in die Schule. Als er wiederkam, trug er einen Kurzhaarschnitt. Er sprach nicht mehr mit mir. Mit Fini fing alles an.

Ich hasste Mutter. Ich tat so, als ob sie Luft wäre. Wenn sie mich rief, gab ich vor, sie nicht zu hören. Wenn wir aßen, aß ich schweigend. Egal ob sie mich etwas fragte oder nur erzählte.

»Gott sei Dank!«, sagte Mutter. »Du hast mich ohnehin mit deinem Geschwätz genervt.«

Als ich neue Plateauschuhe brauchte und mich nach einer Schlaghose verzehrte, musste ich mich fügen. Es war diese Abhängigkeit, auf die Mutter immer spekulierte. Irgendwann brauchte ich etwas von ihr. Spätestens dann gab ich nach.

Auch wenn Mutter stets verlangte, dass ich kochte, putzte oder buk (»Wozu wohnst du sonst noch bei mir?«, hörte sie nicht auf zu fragen), durfte ich ihr nie bei der Gartenarbeit helfen. »Davon verstehst du nichts«, sagte sie. »Gartenarbeit muss man sich verdienen.« Wenn sie das sagte, wirkte sie wie ein Gourmet, der von Geschmacksrichtungen sprach, die andere nie erkennen würden.

Ich war achtzehn und kam von der Abschlussfahrt, als Mutter mich schon an der Haustür fragte: »Hast du dich verliebt?«

Ich hatte sie noch nicht einmal begrüßt. »Wer ist es?«, wollte sie sofort wissen.

Er hieß Jesús, kam aus Peru und verbrachte in unserem Ort ein Austauschjahr. Er benahm sich schüchtern und auffällig zugleich. Er hatte viele Freundschaften, aber keine echten Freunde. Das verband uns. Was mich ärgerte: Wo immer er auch war, zog er die Aufmerksamkeit auf sich.

Am Ende eines langen Korridors der Jugendherberge küssten wir uns an einem Dienstagabend gegen 23:00 Uhr. Gab Jesús sich tagsüber mir gegenüber eher abwartend, küsste er mit großer Leidenschaft, fast zudringlich. Es war seine Zunge in meinem Mund, die ich nicht vergessen konnte. Dieser grobkörnige Muskel, der meine Schleimhäute berührte.

Mutter verlangte zwei Wochen später, dass ich ihr Jesús vorstellte. Ich zierte mich, dann lud ich ihn zum Kaffeetrinken ein. Der Geruch von Verbranntem hing noch im Haus. Auf dem Tisch stand frischer Kuchen vom Bäcker. »So gut hätte ich den selbst nie hinbekommen«, sagte Mutter selbstbewusst und selbstkritisch zugleich.

Sie erwartete Jesús schon an der Tür, schenkte ihm ihr strahlendstes Lächeln. Sie verwickelte ihn in ein Gespräch über die Unterschiede der peruanischen Kultur zur deutschen. Ein Kuchenstück nach dem anderen schaufelte sie Jesús auf den Teller mit dem gelben Blümchendekor. Und Jesús antwortete und aß und aß und aß. Mutter zeigte ihm Haus und Garten wie eine Sehenswürdigkeit. »Kennst du das?«, fragte sie Jesús.

Jesús schüttelte den Kopf. Leise stieß er auf.

»Goldregen. Wirst nirgendwo einen schöneren sehen. Nicht mal in Peru.« Es war Mai, die Pflanzen leuchteten mit der Sonne um die Wette.

Irgendwann jedoch verlor Mutter die Lust, Gastgeberin zu spielen. Sie schenkte sich ein großes Glas Gin ein und leerte es in einem Zug.

»Ich mag ihn«, sagte sie zu mir. »Bitte sei nett zu ihm.«

Jesús saß neben mir. Sie sprach über ihn, als hätte sie seine Anwesenheit in unserem Wohnzimmer bereits vergessen. Schamröte überzog sofort mein Gesicht.

»Natürlich«, sagte ich laut und hasste sie still.

»Aber er verträgt nicht viel«, fügte sie hinzu.

»Kuchen?«, fragte ich.

Sie kippte noch ein zweites Glas. Aber sie antwortete mir nicht.

Zwei Tage nach dem Besuch bei uns tauchte Jesús nicht mehr auf. Ich telefonierte mit seiner Gastmutter. Er übergab sich ständig. Magen verdorben. So lautete ihre Diagnose. Ich dachte an die Backwaren. Als er nicht mehr zur Schule kam, erfuhr ich, dass seine Familie ihn suchte. Auch die Polizei sandte Suchmannschaften aus. Aber er tauchte nicht mehr auf. Wir hatten gerade Biologie, mein Lieblingsfach. Die Abiturprüfungen stand kurz bevor. Herr Schaufelgruber drückte mir sein Mitleid aus. »Junge Liebe, tragisch«, kommentierte er bedrückt.

In den Wochen danach sprachen Mutter und ich kaum. Sie arbeitete und werkelte im Garten. Ich litt und lernte parallel, bis das Bild von Jesús verblasste. Bis ich das Abitur mit Bestnote bestand.

Jurek Turek machte mir den Hof. Ich studierte Pharmazie und er Geophysik. Was mich ärgerte: Seine Noten waren stets besser als meine. Und meine Noten waren gut.

»Du wohnst noch bei deiner Mutter?«, fragte er überrascht.

Dort zu wohnen, war günstig und praktisch zugleich. Mutter stellte mir das Kindergeld großzügig zur Verfügung. »Versauf es am besten!«, riet sie mir.

Zuhause zu leben war für mich eine Win-win-Situation. Ich liebte Haus und Garten.

Wenn ich Jurek traf, war es in seiner WG. »Können ja schlecht bei deiner Mutter vögeln«, kommentierte er lapidar.

»Wieso nicht?«, fragte ich. Die Vorstellung erregte mich.

Ein Wochenende später grillten wir gemeinsam im Garten. Jurek hatte Rehrücken mitgebracht. Von einem Tier, das sein Vater selbst geschossen hatte. Mutter wendete das Fleisch geschickt mit einer silberfarbenen Grillzange über dem Feuer hin und her. Bepinselte das tote Tier mit Kräuteröl.

»Kein Bier im Haus«, sagte sie, »Jurek, kannst du schnell welches holen?«

»Kein Thema«, antwortete Jurek und zog schon seine Jacke an.

Er machte noch einen Witz, dann stieg er in seinen VW-Golf. Ich hörte ihn in der Sonntagsstille davonfahren. Mutter wendete das Fleisch, bis es den perfekten Garpunkt erreicht hatte.

»Ob die Tankstellen heute alle zuhaben?«, fragte sie.

Sie schnitt den Rehrücken auf, verteilte ihn auf drei Teller. »Vielleicht habe ich doch noch was da«, murmelte sie und kam einen Augenblick später mit zwei eiskalten Flaschen Bier zurück. »Ich Dummerchen«, sagte sie.

Als wir den Rehrücken verzehrt und das Bier getrunken hatten, war Jurek immer noch nicht zurückgekehrt. Das Reh war auf dem Teller kalt geworden. Die Schatten zogen sich in die Länge. Eine Amsel sang das Abendlied.

»Lässt sich wirklich Zeit«, sagte Mutter kopfschüttelnd, bevor sie zu Bett ging.

Jurek ließ nie mehr etwas von sich hören.

»Hat vielleicht eine andere«, sagten seine Mitbewohner.

Tage danach weinte ich in meinem Zimmer. Als Mutter hereinkam, sagte ich: »Du bist Gift für mich.«

Und Mutter konterte: »Und du bist schwanger.«

Wir sahen uns gegenseitig an, ich verheult, sie verärgert. Dann rannte ich ins Badezimmer, um mich dort zu übergeben.

»War ohnehin ein Taugenichts«, rief Mutter mir noch hinterher.

Zwei Wochen später pflanzte sie im Garten neben den Goldregen einen Apfelbaum, der vom ersten Jahr an Früchte trug.

Sieben Monate später gebar ich dich.

Ein Mädchen. Die Wunderbare. Die Göttliche. Hässlich, verschrumpelt. *Du armes Ding!* Aber mit einer Stärke, die ihresgleichen suchte. Das warst du, Norellie.

Mutter stand im Krankenhaus am Bett. Es roch nach Desinfektionsmittel und vergorener Milch. Die Wintersonne schien zum Fenster hinein. Sie betrachtete dich und sagte: »Noch so ein Unglück«, und kreuzte die Finger. Ich wollte, dass sie dich hielt, aber deine Oma sagte Nein. »Wenn ich sie fallen lasse, …« Was dann passiert wäre, sparte sie diplomatisch aus.

1997
Du bist jetzt sieben Jahre alt und spielst genauso wie ich gerne im Garten. Ich arbeite oft in der Firma. Wir stellen dort Impfstoffe her. Ich verbringe viel Zeit im Labor. Manchmal bemerke ich gar nicht, wie die Zeit vergeht. Im Labor sind alle Jahreszeiten gleich. Wir ähneln uns alle in unseren weißen Kitteln. Auf unsere blassen Gesichter fällt das gleiche künstliche Licht. Wir interessieren uns nicht für Aussehen oder Geschlecht. Wir sind selbst lebende Kulturen. Was ich schätze: Alles hier hat Struktur. Die Reagenzgläser und Pipetten. Das Arbeitsmaterial. Die Zellkulturen und das virushaltige Eiklar. Bioreaktoren, Virenstämme. All das folgt einem System und Plan.

Im Urlaub langweile ich mich. Und an den Feiertagen. Deshalb habe ich einmal Jamie mit nach Hause gebracht. Ein Schönling, der mit seinem guten Aussehen Unruhe unter meinen Mitarbeiterinnen stiftet. Seine Leistung ist jedoch ausgesprochen gut. Er forscht sauber, wenn auch nicht mehr als andere. Seine Ergebnisse halten jeder Überprüfung stand. Was mich ärgert ist, dass er mich überflügeln will.

Du aber hast dich schnell mit ihm angefreundet. Er hat dir Süßigkeiten mitgebracht. Beim Kartenspielen schien er sich nicht zu langweilen, obwohl er ständig gegen dich beim Mau-Mau verlor.

Es ist kurz nach Ostern und der Goldregen steht in voller Blüte. Mutter liegt im Schlafzimmer und atmet schwer. Das Weiß in ihren Augen wirkt jetzt gelb. Wenn wir uns unterhalten, verliert sie oft den Faden. Du redest mit ihr. Manchmal, wenn ich das verdunkelte Zimmer betrete, flüstert sie dir etwas zu. Aber sie wirkt müde. Der Arzt sagt, dass ihre Leber streikt.

Ich lade Jamie zum Essen bei uns ein. Er fährt mit einem alten Porsche vor. Du und er spielen im Garten Verstecken. Wenn ihr gemeinsam über den Rasen rennt, lässt er dich absichtlich gewinnen.

Ich decke sorgfältig den Tisch. Als ihr beide beim Spielen über den Rasen kugelt, bitte ich Jamie um den Autoschlüssel. Ich will nur kurz nach dem Porsche sehen. Ich möchte mich vergewissern, dass er ihn gut verriegelt hat. Man weiß nie, wer auf der Suche nach offenen Wagen durch die Wohngebiete streicht.

Als ich euch beide zu Tisch bitte, kommst du angerannt. Du bist verschwitzt. Jamie wirkt unangestrengt. Wie frisch geduscht. Ich frage mich, wie er das macht.

Ich schenke ihm ein Bier ein, lächle.

Jamie greift nach der Flasche. Aber bevor er daraus trinken kann, sagst du: »Lauf!« Du schlägst Jamie die

Flasche aus der Hand. Du schreist ihn an. Du kreischst. »Weg hier, schnell!« Deine sonst so süße Stimme schrillt in meinen Ohren.

Ich bin so stolz auf dich, denn du bist klug.

Wie auf ein Stichwort, das du ihnen gegeben hast, betreten Beamte in Uniform unser Grundstück. Sie halten Schäferhunde an kurzen Leinen. Jemand bittet mich betont ruhig, sitzen zu bleiben. Jamie wird von einer Beamtin befragt. Aber keiner spricht mit mir. Das Essen auf den Tellern wird kalt.

Zwei Hunde schlagen an. Beamte versammeln sich und beraten.

Eine junge Polizistin legt dir den Arm um die Schulter.

Ein Bagger rückt an, Flutlichtmasten werden aufgestellt. Das Essen wird samt dem Geschirr eingepackt und versiegelt. Menschen in weißen Ganzkörperanzügen verpacken alles in Kunststoffkisten. Ein Techniker sieht nach dem Porsche. Ich sitze mittlerweile in der Küche und schaue durch das Fenster zu, wie der Bagger ein Loch in unseren Garten gräbt. Es kommt mir seltsam vor, dass plötzlich auch andere dort nächtlich graben. Der Goldregen wird gefällt.

Gegen ein Uhr in der Nacht stoppen sie die Ausgrabung. Ein Beamter fotografiert mit Blitzlicht etwas in der Grube. So wird das weitergehen, Nacht für Tag für Nacht für Tag.

Jemand belehrt mich über meine Rechte.

Gegen fünf Uhr am Morgen wird Mutter mit dem Leichenwagen abgeholt. Ihr Timing ist perfekt.

2018
Du hast die Firma übernommen und das Haus. Mein Werk liegt jetzt in deinen Händen. Am Besuchstag bringst du mir eine Zeitschrift mit. Auf Seite vier finde ich ein Foto von dir und mir vor dem Goldregen. Wir sehen glücklich aus. Daneben die Überschrift »Meine Mutter, die Serienmörderin«.

Sandra Gugić

BLUT, MILCH, DIGITALE TINTE

»I tried to be a joyful feminist. But I was very angry.«
Agnès Varda

Der Sand unter meinen Füßen gibt bei jedem Schritt etwas nach, mein Atem geht gleichmäßig, es riecht nach Salz und Fisch. Ich kämpfe mich vorwärts gegen den Wind. Wie lange war ich nicht mehr laufen?

Seit zwei Wochen bin ich hier und versuche zu verbinden, was kaum unter einen Hut zu bringen ist, Arbeit und Auszeit, Kind und Schreibleben. Meine Beziehung nicht zu vergessen. In wenigen Tagen wird das Kind zehn Monate alt, die ein Marathon waren, zwischen Erschöpfung und Rausch. Ich laufe noch bis ans Ende des Stegs, der aufs Meer hinausführt, gehe in die Knie, stütze die Hände auf die Oberschenkel. Atme gegen meine Zweifel, mein schlechtes Gewissen, meine Unruhe, gegen die Schreibkrise als Dauerzustand, gegen die bohrenden Fragen, ob sich all das denn überhaupt lohnt und es gut genug sein wird, was ich schreibe. Atme. Spüre die Wärme in Kopf und Körper, die sich langsam ausbreitet, das Gefühl, dass alles in Fluss kommt. Vor mir das Meer.

Zu Hause, in unserem puppenhauskleinen Feriendomizil angekommen, schläft das Kind bereits, C. hat Tee gemacht, ich dusche lang, mache mich anschließend daran, die Meldungen des Tages durchzusehen und finde einen Artikel, in dem ein junger Autor vom Überwinden seiner Schreibkrise erzählt: Er habe ein manisches Makrotagebuch geführt, an dem er von morgens um acht bis nachts um eins durchgehend schrieb, mit einer Nachmittagspause für die Familie. *Eine Nachmittagspause*. Ich muss lachen. Ich stelle mir vor, wie seine Partnerin den geplagten Autor von den alltäglichen Unterbrechungen abgeschirmt haben muss, die jedes Familienleben mit sich bringt, die kaum in eine *Nachmittagspause* passen, wie schon Jahrzehnte, Jahrhunderte vor ihr andere Frauen Raum und Zeit geschaffen haben für die Kreativität ihrer Partner. Hier hält C. mir den Rücken frei, damit ich ungestört arbeiten kann, wir sind ein Team, aber mich plagt Unruhe, Zerrissenheit, als stünde mir die Freiheit, die ich mir nehme, nicht zu. Wenn ich mich zurückziehe und arbeite, ertappe ich mich beim Gedanken an das Kind, wenn ich mich der Familie widme, sehne ich mich nach Schreibzeit. Warum fällt es mir so schwer, das eine vom anderen zu trennen?

Immer schon waren es vor allem Frauen, die das soziale Leben und die Familienstrukturen organisiert haben und damit den Alltag ferngehalten haben vom unhinterfragten Freiraum des Mannes. Ich frage mich, ob der Autor vor oder nach Schreibkrise und *Nachmittagspause* Vergleichbares für seine Partnerin getan hat, die ebenfalls Autorin ist. Oder war. Vor meinem geistigen Auge sehe ich eine Alma Mahler-Werfel, ihre Spaziergänge mit Gustav Mahler, der ihre schweigende Gesellschaft wünschte, wenn er in seinem Kopf komponierte, wie sie an seiner Seite ging und nicht wagte, ihn zu unterbrechen. Ihrem Tagebuch verriet sie, wie sehr sie darunter litt, statt weiter der Arbeit einer Komponistin nachzugehen (er verbot es nach ihrer Heirat) nur noch die Aufgaben einer Haushälterin verrichten zu dürfen. Die Dekoration des Eigenheims und die Mutterschaft galten lange als einzig legitime Formen weiblichen Schöpfertums. All das mag in einer dunklen, patriarchalen Vergangenheit liegen. Aber was wirkt nach bis in die Gegenwart? Wie sehen die Realitäten von Autorinnen und Künstlerinnen heutzutage aus?

Ich spreche von der Doppelorientierung, der Belastung, die soziale Aufgaben auf der einen und künstlerische Arbeit auf der anderen Seite bedeuten, und den immensen Benachteiligungen, die sich für Frauen daraus ergeben. Benachteiligungen, die weit vor der Mutterschaft ansetzen, weit über diese hinaus wirken und auch Künstlerinnen betreffen, die niemals Mütter waren oder werden wollen. Virginia Woolf schreibt in *A Room of One's Own*: »She will write in rage when she should write calmly […] She is at war with her lot.« Aber sollten nicht gerade wir Künstlerinnen – 90 Jahre und zwei Wellen des Feminismus später – zornig Antworten verlangen und damit neue Formen des gesellschaftlichen Zusammenlebens, der familiären Strukturen? Woher kommt – immer noch – mein schlechtes Gewissen, die Zerrissenheit zwischen Arbeit und Kind, obwohl ich diese Normen ablehne, die Ungleichheit erzeugen und behaupten, dass die Zuständigkeiten und Pflichten bei mir liegen, der Mutter.

Poesie ist Arbeit, ich erinnere mich, die Worte einer Kollegin, vor ein paar Monaten. An Wein und Häppchen in den Büroräumen der Veranstalter nach einer Gruppenlesung, an das Abfallen der Anspannung und die Leichtigkeit des Themenhoppings der Schreibenden von Lyrik über Whiskeysorten bis hin zu Jugendsünden, Schlaflosigkeit, Panikattacken. Und Kinder. Ich erinnere mich an das ungewohnte Gefühl, bei diesem Thema *mitreden zu können*. Seit Neuestem bin ich Mitglied in einem Club, von dessen Existenz ich immer schon wusste, aber lange Zeit überzeugt davon war, dass ich niemals dazugehören würde. Nicht dazugehören wollte. Mir bis heute nicht sicher bin, ob ich wirklich dazugehöre.

Irgendwann gehe ich zurück ins Hotel, der altmodische rote Klingelknopf schickt seinen hellen Schrei in die Lobby. Ein Portier späht hinter seinem Pult hervor, zupft Anzugjacke und Haare zurecht, wirkt erschöpft, dabei ist es erst kurz nach Mitternacht. Der staubige Geruch des Aufzugs, das träge Aufwärtsruckeln, Stockwerk für Stockwerk. Im Zimmer angekommen werfe ich Kleider und Schuhe von mir, checke meine Nachrichten. Meine rechte Brust spannt, die linke ist hart geworden, ich muss rasch Milch abpumpen. Das monotone Surren der elektrischen Milchpumpe macht mich schläfrig. Die kleine Maschine pumpt eine Weile erfolglos, bis ich dem Rat meiner Hebamme folge und auf meinem Telefon die letzten Bilder von meinem Kind öffne, um den Milchspendereflex zu aktivieren. Während ich beiläufig durch die Aufnahmen scrolle, wird mein Nippel im Gerät rhythmisch lang gezogen, ein leiser feiner Schmerz, ein Ziehen in den Brüsten, dann plätschert es endlich in die kleine bauchige Flasche. Ich frage mich jedes Mal, ob sich eine spontane Erektion so ähnlich anfühlt. Meine Spiegelung im Zimmerfenster, die Plastikpumpe in meiner Rechten, das Smartphone in meiner Linken, der blaue Schein des Displays auf meinem Gesicht, ich muss grinsen. Die Milch in der Flasche ist dünn und grünlich. Ich stelle sie in die Minibar, nehme mir ein Bier mit ins Bad und gehe unter die Dusche. Es ist die erste Nacht, die ich von meinem Kind getrennt schlafe, in einer anderen Stadt. Das Kind verlangt, was mein Körper zu geben hat. Das Geschäft des Schreibens verlangt Abwesenheiten.

Der Rausch der letzten Wochen und Monate vor der Geburt, ich schreibe, als ginge es um mein Leben, auf diese Stunde Null hin, den Tag X. Ich habe keine Angst, aber auch keine Ahnung oder Vorstellung davon, wie mein Leben danach aussehen kann, soll, wird oder muss. Was alle anderen erzählen, will ich nicht hören.

Ich schreibe, wann immer es mir möglich ist, Tag und Nacht, zu Hause, unterwegs, mache mir Notizen in der Schlange vor der Supermarktkasse. Dazwischen falle ich, auch tagsüber, in komatösen Tiefschlaf. Zeile für Zeile steuere ich auf diese Stunde Null zu. Von außen werden mir die üblichen Glückserwartungen und Glückwünsche zugetragen. Es kommt mir lächerlich vor, dieses Gratulieren, diese gesellschaftlich normierten Automatismen, ich weiß nicht recht damit umzugehen. Außerdem haben die meisten Sätze, die auf den austauschbaren Glückwunsch folgen, etwas von einer Drohung.

»Wirst du denn dann noch schreiben können?«
»Du weißt ja, die meisten Aufenthaltsstipendien kannst du jetzt vergessen, da kann man keine Kinder mitnehmen.«
»Am besten, du schläfst schon mal vor. Schlafen kannst du dann erstmal vergessen.«
»Habt ihr schon einen Kita-Platz?«
»Was, so früh willst du dein Kind dann betreuen lassen?«

Ein Großteil der gut gemeinten Drohungen betrifft mich allein, nicht meinen Partner, die Zuständigkeiten scheinen schon jetzt klar aufgeteilt. Und auch ich mache mir zunehmend Gedanken. Frage mich, wie mein altes und mein neues Leben sich miteinander vertragen werden, ob ein Kompromiss möglich ist. Eine nahe Verwandte wundert sich, als mein Partner erzählt, dass er sein Vorhaben, das Klavierspielen zu lernen, ob der kommenden Veränderungen fürs Erste aufschieben will. Das sei doch schade, er brauche dann doch bestimmt Zerstreuung und müsse auch seine Hobbys pflegen. Ich hätte ja dann für meinen Teil beispielsweise die Rückbildungsgymnastik. Hier seine Freiheit und dort mein Körper, der plötzlich ein Ding ist, bei dem sich alle auskennen, ein Thema, bei dem alle fleißig mitreden dürfen. Freunde, Verwandte, Fremde. Mein Partner und ich halten uns fest, um nicht vom Ausgangspunkt einer gleichberechtigten Beziehung gnadenlos rückwärts durch die Jahrhunderte zu fallen. Mir ist nach Lachen und Schreien zugleich.

Die nächste Allgemeinplatzfrage lässt nicht lange auf sich warten, folgt unabhängig vom Gegenüber meist unmittelbar: *Ist es ein Mädchen oder ein Junge?*

Das Kind weiß noch nicht, dass die Verschiebung der Gewalten früh beginnt, oft noch vor der Geburt, mit der Zuschreibung des Geschlechts und der damit nach gesellschaftlicher Norm einhergehenden Ordnung der Dinge. Dabei sollte es die Freiheit jedes Kindes sein, sich als menschliches Wesen zu empfinden, das Geschlecht ist physisch vorhanden, aber spielt in der eigenen Welt und Wahrnehmung keine Rolle. Das Kind weiß noch nicht: Geschlecht ist die erste Unterdrückungskategorie. Dabei haben wir das Recht, die Einzigen zu sein, die definieren, wer wir sind. Wir entscheiden, im alltäglichen Kampf der Zuschreibungen, Wirklichkeit und Wahrheit umzuschreiben. Die Handlungsanweisung lautet, nicht mitzuspielen.

Werden meine Vorstellungen und Theorien in der Praxis, auch der des Kindes, durchzusetzen sein?

Das Schreiben ist mein *safety blanket*. Mein Körper expandiert. Ich befinde mich in einem physischen Ausnahmezustand, den ich in unzähligen Fotos meines Spiegel-Ichs dokumentiere, im Badezimmer, von allen Seiten. Die meisten Bilder lösche ich wieder. Und versichere mir: Das, was ich sehe, das bin immer noch ich. Vor mir liegt etwas, das sich anfühlt wie die bevorstehende Landung eines Raumschiffes. Wobei: Die Kolonisierung durch eine noch unbekannte Lebensform hat ja bereits begonnen, die Körperlandnahme. In Erwartung einer Stille, eines Lärms, einer Stunde Null, tue ich, was ich immer getan habe, von Laut zu Wort zu Zeile bewege ich mich durch die Tage.

Ich lese von einer Kamerafrau, die im neunten Monat noch dreht, einer Langstreckenläuferin, die während der Etappen in den Trinkpausen ihren Säugling stillt. Auch ich halte meinen Körper und mein Hirn an, die gleiche Leistung zu bringen wie immer. Es ist keine Option, Schwäche zu zeigen. Alle Augen scheinen auf mich gerichtet zu sein. Prüfend, in Erwartung meines Scheiterns. Es gilt, allen und mir selbst zu beweisen: Das bin immer noch ich.

Herbstbeginn, es ist spätsommerlich heiß. C. und ich ziehen um. Ich bin es nicht gewohnt, nicht mit anpacken zu können, bin ungeduldig, mache zu viel, die Erschöpfung lässt nicht lange auf sich warten. Zwischen halb ausgepackten Kisten throne ich auf dem einzigen Sessel, auf dem mir das Sitzen noch erträglich ist, die Füße hochgelagert oder in einem Eimer mit kaltem Wasser. Nach wie vor arbeite ich an meinen Manuskripten. Mein Lektor schickt mir Audiofiles mit dem *friendly wordfire* seiner Kritik, ich stolpere über Fragen, die sich in wunde Punkte bohren, stürze in größere und kleinere Krisen, stehe auf und schreibe weiter. Dazwischen Telefonate und Anmerkungen meiner Agentin zum neuen Romanmanuskript. Nachts folgen mir meine Texte und Figuren in den Schlaf, Albträume lassen mich hochschrecken, ich träume vom Bachmannpreis: Ich bin eingeladen, aber der Bewerb ist in diesem Jahr aufgebaut wie eine Deutschschularbeit. Alle sitzen gekrümmt auf zu kleinen Bänken, als Schutz gegen das Abschauen werden Schultaschen mit Ingeborg-Bachmann-Konterfei zwischen den Bewerberinnen und Bewerbern aufgestellt. Ich versuche trotzdem, Haltung zu bewahren. Ein Thema wird ausgegeben, alle schreiben live um die Wette. Ich werde nicht fertig bis zum Finalgong, die Jury urteilt außerdem: Themenverfehlung. Ich werde disqualifiziert.

Alle Texte müssen raus, aus meinem Hirn, aus meinem Körper. Ich schreibe gegen den Countdown, in Erwartung einer neuen Zeitrechnung. Ich arbeite beinahe wahnhaft und penibel meine To-do-Listen ab, absolviere Termine, skype, maile, telefoniere, skizziere neue Projekte – aber in Wirklichkeit plane ich nichts über den Tag X hinaus. Wenn C. abends nach Hause kommt, bringt er Pizza, Pad Thai oder Papayasalat, manchmal einen Becher Zitroneneis, und wir schauen uns *Alien* an, alle Filme der Reihe. Ellen Ripley sagt: »I am the monster's mother.«

THE FUTURE IS FEMALE steht auf dem Sweater, den ich bei einem der unzähligen Vorsorgetermine trage. Routineuntersuchungen, nichts Besonderes, aber zu viele für meinen Geschmack. Meine Gynäkologin wirft einen Blick auf den Print, grinst vor sich hin und sagt »Mal sehen«, während sie den nächsten Termin auf meiner Karteikarte einträgt. Bevor ich nachhaken kann, verabschiedet mich ihr routiniert freundlicher Händedruck nach draußen.

Ich beneide meinen Partner bis hin zur Feindseligkeit. Er wird nicht gewogen, gestochen und vermessen, seine Körperflüssigkeiten werden nicht ausgewertet und er bleibt auch großteils von guten Ratschlägen verschont.

»Du wirst sehen, wie das ist, wenn du einmal Kinder hast«, hat mich schon meine Mutter gewarnt. »Du wirst sehen.« Ich suche und finde ein Foto meiner Mutter als junge Frau, zurechtgemacht im Sonntagskleid, einen Monat vor meiner Geburt am 11. Oktober 1976 lächelt die hochschwangere Mutter in die Kamera, sie kann sich auch glücklich schätzen, seit dem 1. Januar 1976 benötigen Ehefrauen in Österreich nicht mehr das Einverständnis ihres Ehegatten, um arbeiten zu gehen. Der gemeinsame Wohnsitz wird nun nicht mehr ausschließlich vom Mann bestimmt, das bis dahin gültige patriarchalische Versorgungsehemodell wird durch ein partnerschaftlich orientiertes ersetzt. Die Fristenlösung für Schwangerschaftsabbrüche ist vor einem Jahr in Kraft getreten, die Antibabypille kann schon seit Jahren vom Arzt verschrieben werden. *»Du wirst sehen.«*

Was ich noch nicht weiß, aber anhand der ersten Reaktionen schon erahne: dass Menschen mir hilfreich zur Seite stehen werden, die ich davor nur flüchtig gekannt habe, aus Solidarität und aus dem Glauben an mich und meine Arbeit. Von anderen werde ich abgeschrieben, nicht mehr mitgedacht, auch von solchen, die sich selbst als Feministen bezeichnen.

Das Schlimmste daran ist, dass ich es in der nahen Vergangenheit nicht besser gemacht und Schwangeren, Müttern oder Eltern gegenüber kaum Empathie gezeigt habe, nichts davon hören wollte, wenn sie mir von Kinderzeitmanagementproblemen erzählt haben. Dass wir eine Gesellschaft sind, deren Zusammenhalt die einzige Lösung für ein humanes Miteinander ist und gerade Frauen Solidarität füreinander aufbringen müssen, habe ich in der Theorie verhandelt, aber in der zwischenmenschlichen Praxis von mir weggeschoben, als ginge mich das Leben der anderen wirklich nichts an. Ich fühle mich ertappt.

Der Tag X kommt, aber nichts geschieht. Mittags spaziere ich eine Runde, hole mir Mittagessen und Kaffee und bleibe lange vor dem Schaufenster eines Reisebüros stehen, studiere die Destinationen und Angebote. Ich erinnere mich, dass ein befreundeter Fotograf ein paar Monate nach der Geburt seines Kindes zu einem Motorradtrip in irgendeine Wüste aufgebrochen ist. Meine Beine sind müde. Ist es die Schwerkraft, das Gewicht meiner Geburt als Frau, das Gewicht der Entscheidung, Mutter zu werden, das Gewicht eines Wunsches, einer Begeisterung, der wir als Paar gefolgt sind und die wir jetzt anscheinend auszubaden haben? Das Ungleichgewicht zwischen den Geschlechtern, das C. und ich verzweifelt auszubalancieren versuchen? Ich muss lachen. Weinen ist keine Option. Wie lange stehe ich schon vor dem Schaufenster? Eine Angestellte des Reisebüros blickt von ihrem Monitor hoch und mustert mich, ich hebe meine Hand und verziehe den Mund zu einem Lächeln, wie automatisch, als würde ich sie kennen. Neben ihrem Schreibtisch steht eine leuchtende Weltkugel, ich sehe mein Spiegelbild, die Rundung meines Bauches, dahinter Flüsse Meere Grenzlinien. Kurz nach Mitternacht mache ich die letzten Korrekturen in Manuskript eins, ändere letzte Sätze in Manuskript zwei, schreibe E-Mails an Agentur und Verlag, lausche dem Swoosh, der das Versenden begleitet, und dem Geräusch der Stille danach.

Der Tag X erfüllt sich später als gedacht. Alle an Bord überleben. Das Alien bekommt einen Namen und eine Steuernummer.

C. und ich kommen mit dem Kind zurück nach Hause, erschöpft und zerschunden, wie Kriegerinnen vom

Schlachtfeld. Wir sind da, wo das X ist. Wir bestimmen unseren Standort neu. Die lächerlichsten Dinge rühren mich an: der Gedanke, dass jeder Körper mit Dingen in Berührung kommt, die ihn altern und reifen lassen, wie Zeit, Sonne, Liebe, Enttäuschung, die Linien auf unseren Händen und Gesichtern, die sich manifestieren, tiefer werden. C. und ich finden uns wieder in einer Blase, fallen in Zeitlöcher, Stille, Sprachlosigkeit, ertappen uns: Kitschverdacht. Da ist eine Ruhe und Selbstverständlichkeit, in der ich all das annehme, das Lächerliche, das Schöne, das Brutale, das Klaustrophobische.

Die eigene Sterblichkeit wird uns bewusster. Die Welt draußen vor dem Fenster kommt uns unwirklich vor, alles, was ist, ist das Hier und Jetzt, der Raum, den wir abschreiten. Das Vergehen der Zeit fühlt sich anders an. Sie steht still, um im nächsten Augenblick weiterzurasen. Der Ausgangspunkt ist das Ich der Vergangenheit und dessen Auslöschung. Was danach kommt, kann nur ich selbst gestalten: das Neuerfinden, das Überschreiben und das Anschreiben gegen Erwartungshaltungen. Das kleine Alien schläft, schreit, sieht sich um, fragend. Mir geht es kaum anders. Alles scheint weit von mir weggerückt, auch das Schreiben.

Wir haben nicht viel Zeit, in diesem Zustand zu verharren. Es bleibt uns nichts anderes übrig, als unsere Blase wieder zu verlassen. Alltag, Arbeit und Rechnungen rufen, C. muss als Erster raus, ich bleibe noch etwas hier drinnen, wenn auch nicht vollkommen freiwillig. Ich ringe mit der Welt um Freiheit, einen Raum zum Denken, Atmen, Schreiben. Ein Zimmer für mich allein. Jetzt brauche ich es mehr als jemals zuvor. Warte sehnsüchtig auf meine Ablöse, lauere auf das Nachhausekommen von C., damit ich ihm das Kind in die Arme drücken kann, mache mich voller Ungeduld, beinahe zornig, an die Schreibarbeit, um das Kind wenig später zu vermissen. Die Zeit reicht niemals für nichts, C. und ich zerren daran, strecken und verbiegen uns. Zeit hat eine andere Dimension bekommen, ist neu formatiert, in winzige Einheiten fragmentiert. Ich frage mich, was ich all die Jahre davor eigentlich gemacht habe, als ich unter meinem dauernden Stress gelitten habe. Denke an diese unfassbare Fülle von Zeit, die mir damals im Vergleich zu jetzt zur Verfügung stand, und dass meine Beschwerde trotzdem absolut richtig war: Ich hatte keine Zeit.

Das Kreisen meiner Gedanken im Halbdunkel, nachts, stillend, halb hier und halb entrückt, während C. mir aus Uwe Johnsons *Jahrestage. Aus dem Leben von Gesine Cresspahl* vorliest. Mein Denken ist ein dumpfes Pochen, ein Aufbegehren gegen die Erschöpfung. Ich schlafe wenig, ich finde die Anfänge nicht mehr. Früher habe ich immer nachts gearbeitet, bis zum Morgen, ich erinnere mich an das rastlose Schreiben, das Rasen der Gedanken, die Manie. Das Kind weckt uns alle zwei Stunden, hungrig, zornig, die Hände zu Fäusten geballt. Ich stille es, stelle es damit ruhig, kann C. nur mit Mühe folgen, wenn er mir vorliest, er muss dieselbe Passage zweimal wiederholen, tagsüber kann ich kaum den Absatz eines Zeitungsartikels erfassen. Uwe Johnson schreibt: »Wenn sie an einem Tag am Strand die Zeitung verpaßt hat, hält sie abends ein Auge auf den Fußboden der Ubahn und auf alle Abfallkörbe unterwegs, auf der Suche nach einer weggeworfenen, angerissenen, bekleckerten *New York Times* vom Tage, als sei nur mit ihr der Tag zu beweisen.«

Ich schweife ab. Falle in eine Leere. Ich bin Futterkrippe, eine Körperhülle, namenlos, die sich neu erfinden muss. Das Kind rudert im Schlaf mit den Armen ins Leere, öffnet den Mund, die Augen bleiben geschlossen, verharrt in seiner Welt, ist noch nicht angekommen. Ein Gefühl der Erleichterung, als es zum ersten Mal die Augen für lange Zeit öffnet, uns betrachtet und endlich wahrnimmt, mit diesem ganz bestimmten, ruhigen und wissenden Ausdruck, den nur kleine Kinder haben. Der Nabelschnurrest fällt wenige Tage später ab. Ich erinnere mich: *Poesie ist Arbeit.* Ich muss schreiben.

Es ist Winter, statt Schnee gibt es Dauerregen. Ich mache stundenlange Spaziergänge, die meine Gedanken ordnen sollen, der Himmel hängt schwer, in Schichten von Grau, es ist feuchtkalt, aber ich schwitze, das Kind im Tuch nah an meinem Körper. Mein Spazieren ist ziellos, kreuz und quer durch die Stadt, ich schlage Haken, bleibe plötzlich stehen und halte inne, als hätte ich vergessen, wo ich bin – als würde ich der Bewegung meiner eigenen unregelmäßigen Gedankenströme folgen. Der Alltagswahnsinn der Stadt scheint mir greller. »Nazi Nazi Sau Nazi Nazi Sau«, krakeelt eine monotone Stimme unermüdlich, ich kann sie schon aus der Ferne hören, aber niemanden ausmachen, zu dem sie gehört, die Stimme wird lauter, kommt näher, und im Vorbeigehen sehe ich jemanden zusammengekauert im Dunkel eines Hauseingangs. Ein andermal ist es ein One-Man-Show-Demonstrant mit Megafon auf einem über und über fähnchenbehängten Fahrrad, auch die EU hat er in seiner Flaggenkollektion nicht vergessen. *Just another crazy human*, aber es scheinen jeden Tag mehr zu werden, die in ihrer eigenen Haut wüten.

An jeder Ecke begegnen mir Dinge aus der Vergangenheit. Im Schaufenster des Antiquariats finde ich Bücher wieder, die ich als Heranwachsende gelesen habe, manche lange bevor ich ihren Inhalt vollständig erfassen konnte. Bücher waren mein persönliches *safety blanket*, Sprache mein Versteck. Das introvertierte Kind, das ich war, hat seine Geheimnisse zwischen die Seiten der Bücher geflüstert, die Heldinnen der Geschichten waren Komplizinnen, der Geruch von Papier bedeutete Zuhause.

Vor dem Kiezplattenladen hängt das Poster, das jahrelang in unserem Wohnzimmer hing, darauf Nicole, der Schlagershootingstar der 80er, die erste deutsche Siegerin des Eurovision Song Contests, 17 Jahre alt, ihre Gitarre auf dem Schoß, der Blick verträumt, das weichgezeichnete Wunschbild einer perfekten Tochter, die ich niemals sein würde. Meine Mutter, die mich fragt: »Was glaubst du eigentlich, wer du bist?«

Gilles Deleuze schreibt: »Schreiben heißt nicht seine Erinnerungen erzählen, seine Reisen, seine Liebe und seine Trauer, seine Träume und seine Phantasmen. Es bleibt sich gleich, ob man an einem Überschuss an Realität oder Einbildungskraft krankt: In beiden Fällen ist es das ewige Papa-Mama, die ödipale Struktur, die man ins Reale projiziert.«

Ein Verlag interessiert sich für mein neues Manuskript, der Termin bringt Erwartung und Unruhe, es regnet immer noch oder schon wieder, als wollte jemand Berlin fluten. C. und das Kind begleiten mich, drehen Runden unweit des Cafés. Während ich über Sprache spreche, mein Schreibleben als Zeitbogen, über Politik, Figuren, Plot und Auslassungen in der vorliegenden Geschichte, könnte mein Kind jeden Moment wieder nach mir verlangen, ich bin Nahrung und Trost, sein *safety blanket*. Die Worte der Lektorin, die an mir vorbeirauschen, das Rot ihres Lippenstifts, die perfekte weiße Linie ihres Scheitels, der das schwarze Haar teilt, ihr junger Kollege trägt eine Brille mit zartem Goldrand. In den Schichten hinter meinen geschliffenen Sätzen, meinen Scherzen, pochen Fragen auf Antwort, die ich noch nicht stellen darf. Wie viel Vorschuss wird der Verlag mir anbieten? Wird er überhaupt bieten? Die Fragen des ökonomischen Überlebens sind jetzt dringlicher als zuvor, als ich nur für mich selbst verantwortlich war. Sie fragen mich, wie ich Schreiben und Kind vereinbaren werde, sie fragen freundlich, aber mir ist klar, dass sie dem Kindsvater eine solche Frage nicht gestellt hätten. Ich höre mich sprechen und entferne mich gleichzeitig, denke an C. und das Kind, das seit Neuestem Stunden damit zubringen kann, seine Hände zu betrachten. Ein Obdachloser betritt das Café und nimmt ungebeten Platz an unserem Tisch, beginnt sich ins Gespräch zu mischen, seine eigene Geschichte zu erzählen, die keiner hören will, als wir ihn bitten, zu gehen, schreit er los, laut und durchdringend.

Ich spreche in ein Mikrofon, ich gebe mir Mühe mit Ausdruck und Performance. Es ist die erste Lesung seit Beginn meiner neuen Zeitrechnung, das erste Mal draußen, zwischen all den Literaturmenschen. Niemand weiß, dass ich ein paralleles Leben führe. Ich bin Aschenputtel, muss rechtzeitig zurück sein, bevor meine Brüste sich wieder mit Milch füllen, die verfüttert werden muss. Während ich lese, glaube ich zu spüren, wie die Milch in den Stoff meines Pullovers sickert, Nässe sich ausbreitet, ich ziehe meine Jacke schützend über der Brust zusammen, sehe Milch, die auf dem Boden um meine Füße eine Pfütze bildet, spüre, wie der Druck immer stärker wird. Im nächsten Augenblick platze ich. Ein Meer aus Milch und Blut flutet das Publikum.

Auf Skype fragt mich eine Kollegin: »Bist du jetzt produktiver? Prokrastinieren kannst du dir jetzt ja nicht mehr leisten. Oder?«

Hélène Cixous schreibt: »I'm brimming over! My breasts are flowing. Milk. Ink. Nursing time.«

Ich existiere in zwei parallelen Welten, in der einen, der Mutterwelt, habe ich eine optimistische Sicht auf die Welt, alles scheint sinnvoll, erklärbar, ich kann das Kind trösten und nähren, ich generiere Hoffnung, mein Blick in die Zukunft ist positiv, ich weiß um meine Grenzen und akzeptiere sie, ich höre zu, achte die Bedürfnisse meines Gegenüber, bin gelassen und geduldig. Ich gehe davon aus, dass alles gut ausgehen kann, nicht nur für uns: das Kind, C. und mich, nein, für alle – die Apokalypse wird nicht stattfinden.

In der anderen Welt, als Schreibende, überschreite ich all diese Grenzen, verwerfe moralische Werte, Werte überhaupt, bin egoistisch und rücksichtslos, schreibe zornig gegen einen Kanon der Vergangenheit an, gehe hart mit mir selbst und der Welt ins Gericht. Wie Medea sich ihrer Kinder entledigt hat, entledige ich mich meiner Charaktere, lasse sie los und in ihr mögliches Verderben rennen. Bedingen beide Welten einander?

Das Schreiben ist eine Übung im Rabenmuttersein, ich versinke in meiner Arbeit, blende alles andere aus, auch das Rauschen und Klacken aus dem Babyfon. Laute, die nur ganz langsam, wie von weit weg zu mir dringen. Ich bin digitale Tinte und Milch, ich bin mein Cursor, der im Atemrhythmus blinkt, das Ächzen und Würgen des Druckers, bin ein Körper, der schwitzt, schmerzt und blutet, dieser Körper, zu dem ich erst langsam zurückfinde, obwohl alles in Körperlichkeit aufgelöst scheint. Ich lasse die Sprache auf Abwege geraten und mich mit ihr, es gibt keine gerade Linie, weder im Denken noch im Erzählen. Ich als Wille und Vorstellung der Beschützerin, der Nährenden, Gebenden, Wissenden, die Muttermuttermutter, die den Alltag trägt wie Atlas, der die Welt trägt. In meine Texte schleicht sich ein nie gekannter Wille zum Optimismus, ist es das Muttertier, das diesen Optimismus ins Haus geschleppt hat, wie die Katze, die einen toten Vogel als Geschenk bringt? Ich notiere: *das hirn als körper benutzen / den körper als hirn benutzen.*

Die Freundin erzählt mir, dass es ein Sprichwort gebe, das sie im Wortlaut jetzt nicht wiedergeben könne, aber inhaltlich sei es ungefähr so, sie paraphrasiert: »Die Geburt als Neugeburt der Mutter.«

Erinnere ich mich eigentlich, wer ich davor war, wer ich geworden bin, nachdem mich das schwarze Loch des Mutteruniversums eingesogen hat? Oder bin ich noch die Gleiche?

Mein Körper verändert sich langsam zurück in etwas, das ich kenne. Die eine oder andere Spur bleibt: ein Muttermal, das seine Form verändert hat, vom Oval zum Rechteck, meinem Nabel sieht man an, dass er nach außen gestülpt wurde und wieder zurück. Mein Ich, meine Welt, und alles, was damit zusammenhängt, wurde von innen nach außen gestülpt.

Ich werde wütend ob der unerträglichen Freude meiner eigenen Mutter über mein Muttersein, mit dem sie nicht gerechnet hat, das Kind als Erfüllung eines gelungenen Frauenlebens. Ist es nicht gerade als Autorin meine Aufgabe, die vorgegebenen Bilder und Bedingungen zu sprengen, den Normierungen zu trotzen? Welchen Blick wirft die Gesellschaft auf mich?

Ich entscheide mich, dagegen anzuschreiben: gegen das Bild der Frau, der Feministin, der Mutter in Büchern, die in der Tradition patriarchaler Strukturen und Machtverhältnisse geschrieben werden.

Es ist Frühling, wir reisen zu dritt zur Buchmesse. Wochen davor beginne ich, Milch abzupumpen, datiere und beschrifte die Beutel, friere sie ein. Vorräte für die Lesungen und Termine. In einem tragbaren Minikühlschrank, dessen Inhalt an Astronautennahrung erinnert, reist der Vorrat mit uns. Jede Lesung, jeder Tag ist eine organisatorische Herausforderung, manchmal nimmt das Chaos überhand, manchmal kippt die Stimmung, dann wieder kann ich alles mit Leichtigkeit nehmen. Wenn ich für eine Lesung abends üben will, aber das Kind nach meiner Aufmerksamkeit verlangt, performe ich meinen Text vor ihm – C. macht eine Serie Fotos davon, ich lese, das Kind lacht, grimassiert, hört stirnrunzelnd zu, als verstünde es.

Ich schreibe diesen Text, wie ich nun all meine Texte schreibe, in Zeitfenstern, Zeitlöchern, in einem Paralleluniversum, ungekämmt, indifferent gelaunt, laut lachend über dieses neue Leben, das alle Selbstverständlichkeiten implodieren lässt. Ich zähle die Summe der einzelnen Teile der Vereinnahmung, arbeite gegen die Mechanismen der Vereinnahmung.

Welche Geschichten werde ich jetzt erzählen?

In einer Spieluhr bewahre ich den Nabelschnurrest des Kindes auf, ein trockenes braunes Stück Gewebe an einer weißen Plastikklemme. Ich habe die Kontrolle verloren, weil ich nichts unter Kontrolle haben muss – die Worte nabeln sich ab, finden neue Bedeutungen, die Figuren entwickeln ein Eigenleben, entziehen sich Dynamik und Gesetzmäßigkeit. Ich schenke dem Chaos Raum, zolle ihm sogar Respekt. Sowohl Text als auch Kind stellen mich vor die gleiche Aufgabe, Freiheit, auch meine, zuzulassen, eine mütterliche, eine menschliche Aufgabe, vielleicht die wichtigste überhaupt.

Der Strand liegt einsam, nur wir sind hier. Das Kind spielt versunken, es braucht mich nicht in diesem Moment, nur die Versicherung, dass ich da bin, ab und zu ruft es nach mir, wendet sich im nächsten Moment wieder ab und taucht in seine eigene Welt. Das bin immer noch ich, zufrieden und ruhig in diesem Augenblick. Ich will um nichts weniger von der Welt als früher. Meine Zufriedenheit ist flüchtig, und das muss sie auch sein. C. und ich erfahren immer wieder aufs Neue, wie schwer es ist, dass es einer andauernden Auseinandersetzung bedarf, um nicht in klassische Rollenverteilungen zu fallen. Doch in diesem Moment kann ich dem Kind zusehen, wie sein Blick wandert, Licht und Schatten zwischen den Dünen folgt, wie es sich an neuen Dingen, Lauten und Bewegungen versucht, scheitert und weitermacht, dazwischen die kurze Rückversicherung, dass ich da bin, nur für den Fall, der Blick des Kindes geht zu mir, ein Moment Komplizinnenschaft.

Der Akt der Befreiung ist, das Wort zu ergreifen. Die Welt verändert sich durch die Geschichten, die wir erzählen. Ich freunde mich an mit dem Chaos, vielleicht bekommt es mir sogar, ich rase vor Freude, ich schreibe.

Teresa Bücker

IST ES RADIKAL, EIN KIND OHNE PARTNER ZU BEKOMMEN?

Wie wir Familie leben werden, ist durch das Kleinfamilienideal sehr klar vorgezeichnet. Alles andere gilt als Abweichung. Wie löst man das Dilemma auf, Kinder nicht dazu zu drängen, eine Familiengründung als den idealen und einzigen Lebensweg zu sehen, aber ihnen gleichzeitig die Möglichkeit zu geben, sich mit ihren Familienwünschen differenziert auseinanderzusetzen? Ich erzähle meiner Tochter, die noch in der Kita ist, immer wieder, dass sie keine Kinder haben muss, sie Kinder haben kann, wenn sie möchte. Dass es manchmal sein kann, dass man selbst keine Kinder bekommen kann. Und sie weiß, dass sie dafür keinen Mann braucht, wenn sie es nicht möchte.

Was wäre ungewöhnlich daran, sich allein für ein Kind zu entscheiden? Schließlich sind alleinerziehende Eltern keine Seltenheit. Mehr als 2,6 Millionen Erwachsene, davon neunzig Prozent Frauen, leben in

Deutschland als Ein-Eltern-Familien mit Kindern in einem Haushalt. Das ist rund jede fünfte aller derzeitigen Familien. Trotzdem ist unsere Gesellschaft nicht auf die Bedürfnisse dieser Lebensgemeinschaften eingestellt. Wer Kinder allein erzieht, hat mit mehr als 30 Prozent ein doppelt so hohes Risiko, in Armut zu geraten, wie der Bevölkerungsdurchschnitt. Wer würde sich schon bewusst dafür entscheiden, wenn doch ein anderes Familienmodell mit hoher Wahrscheinlichkeit ein Leben mit weniger finanziellen Sorgen verspricht? Eines, in dem man den eigenen Kindern »mehr bieten« kann, und ab und zu auch mal durchatmen? Alleinerziehende treffen zudem negative Stereotype: verlassen, verbittert, überfordert. Daher nennen sich Frauen, die bewusst ohne Partner*in ein Kind großziehen, auch selten alleinerziehend, sondern zum Beispiel Single- oder Solo-Mama. Das ist die Empowerment-Version der Alleinerziehenden: Der Modus der Elternschaft soll frei gewählt sein, man ist unabhängig, glücklich und kein Sozialfall.

Es sollte egal sein, warum jemand allein mit Kindern lebt – die Rahmenbedingungen machen es allen schwerer, auch dem Familienmodell, auf das gesellschaftliche und politische Rahmenbedingungen zugeschnitten sind. Auch die freiwillig Alleinerziehenden treffen daher Vorurteile, die ihnen ihr Elternglück absprechen wollen: Die haben doch keine*n abbekommen, oder: Das ist egoistisch, sie enthalten dem Kind eine normale Familie vor! Viele können sich nicht vorstellen, dass Menschen die Solo-Elternschaft ohne Not frei wählen, das ist unsere patriarchale Prägung. Auf die Kleinfamilie zu verzichten, als Frau ohne männlichen Partner ein Kind zu bekommen und damit die vorsorgende Funktion des Mannes in Frage zu stellen, weicht ab von dem, was viele Menschen als die Idee eines gelungenen Lebens kennengelernt haben. Aber vor allem fordert es die gesellschaftlichen Strukturen heraus – ganz besonders die Wirtschaft, die sich darauf verlässt, dass die Kleinfamilie weiterhin in Manier der Heinzelmännchen die unbezahlte Care-Arbeit übernimmt. Denn eine Wirtschaft, die sich um die zeitliche Verfügbarkeit von Alleinerziehenden und die Bedürfnisse dieser Familienform herum strukturieren würde, wäre eine gänzlich andere als die, die wir kennen. Politik, die Ein-Eltern-Familien angemessen berücksichtigen und aufgrund ihrer Vulnerabilität besonders unterstützen würde, hätte schon lange die Steuerklassen so reformiert, dass Alleinerziehende die höchste Entlastung erhalten würden und nicht Ehepaare, unabhängig davon, ob diese Kinder haben oder nicht. Aktuell werden Alleinerziehende jedoch in allen gesellschaftlichen Bereichen so behandelt, als wären sie eine Ausnahmeerscheinung, als wäre das Leben als Single-Elternteil etwas rasch Vorübergehendes und als würden sich all diese Familien danach sehnen, in die Schablone einer Kleinfamilie zu passen, die in der Realität immer seltener so existiert.

Denn trotz schwieriger Umstände für Alleinerziehende trennen sich Paare mit Kindern heute eher als früher, und Scheidungen werden in etwas mehr als der Hälfte der Fälle von Frauen eingereicht. Das kann auch als gesellschaftlicher Fortschritt gewertet werden, als Ausdruck von Emanzipation und zunehmender Gleichberechtigung: Alleinerziehende müssen nicht verbittert und verlassen sein, sondern können diesen Schritt selbstbestimmt gewählt haben, sich danach erleichtert fühlen und zufriedener leben als in ihrer vorigen Beziehung. Alleinerziehend zu sein verliert zum Glück nach und nach sein Stigma, und weniger Frauen sind finanziell abhängig von einer Versorgerehe – oder sie entscheiden sich trotz geringen eigenen Einkommens für diesen Schritt. Mit der Reduzierung des Stigmas, alleinerziehend zu sein, erscheint die Idee, sich als alleinstehende Person für die Single-Elternschaft zu entscheiden, zumindest nicht mehr als bewusster Schritt ins soziale Abseits. Die Soziologin Eva Illouz plädierte bereits in ihrem 2011 erschienenen Buch »Warum Liebe weh tut« für diese Entscheidung und sagte in einem Interview mit dem Spiegel: »Macht euren Kinderwunsch nicht abhängig vom Wunsch nach romantischer Liebe. Wenn ihr Kinder wollt, bekommt sie allein – oder in einer Gemeinschaft mit anderen Frauen, die ebenfalls Kinder wollen. Oder mit Männern, die Kinder wollen, aber nicht eure Partner sind.«

Der Kinderwunsch ohne Partner*in wird bislang eher als Thema von cis-Frauen und Menschen, die schwanger werden können, verhandelt. Zum einen, da ein Kind selbst zu gebären, als einfachster Weg zur Familie gesehen wird – auch wenn das nicht immer zutreffen muss. Zum anderen ist der Wunsch nach Kindern zwischen den Geschlechtern asymmetrisch verteilt. Frauen wünschen sich im Schnitt häufiger und eher Nachwuchs und möchten zudem oft mehr Kinder haben als Männer das wollen. Laut »Generations and Gender Survey« gaben unter den befragten deutschen Singles 67 Prozent der Männer an, keine Kinder haben zu wollen, aber nur 26 Prozent der Frauen. Auch in Partnerschaften und Ehen geben mehr Männer an, kinderlos bleiben zu wollen. Frauen wünschen sich zudem häufiger drei Kinder als Männer, die mehrheitlich ein bis zwei Kinder als ihren Wunsch angeben. Diese Daten und weitere Forschung über »realisierte Kinderwünsche« von Frauen in Deutschland, die mit durchschnittlich 1,53 Kindern unter den durchschnittlich gewünschten 1,83 bleiben, weisen auf Konflikte über Kinderwünsche hin.

Daher erscheint es logisch, dass insbesondere heterosexuelle Frauen ihren Kinderwunsch als etwas betrachten sollten, das sie nicht abhängig machen von einem Mann, der ihre Vorstellungen vollständig teilt. Denn dass Frauen weniger Kinder bekommen, als sie sich wünschen, hat viele Gründe: Sie machen Kompromisse zugunsten des Partners, haben Fruchtbarkeitsprobleme, die teilweise mit einem Aufschub des Kinderwunsches in ein höheres Lebensalter zusammenhängen, sie verzichten ganz oder haben schlichtweg nicht die Möglichkeit, weil sie keinen Partner haben. Wer trennt sich schon in einer weitgehend funktionierenden Familie nach dem ersten Kind, weil die andere Person in der Beziehung kein zweites möchte?

Die Erkenntnisse zur Unterschiedlichkeit von Kinderwünschen zeigen auch, dass Männer sich aktuell nicht bedroht fühlen müssen von Familiengründungen, die ohne sie stattfinden. Schließlich haben viele von ihnen gegenwärtig an eigenen Kindern weniger oft Interesse, oder ihre zeitliche Vorstellung passt nicht zu der ihrer möglichen Partner*innen. Männer sollten nicht erwarten, dass Frauen mit ihrem Kinderwunsch auf sie warten, auch wenn genau das die aktuelle gesellschaftliche Realität ist. »Social Freezing«, das Einfrieren von Eizellen, um sie zu einem späteren Zeitpunkt befruchten zu lassen und damit schwanger zu werden, ist als neue kulturelle Praxis als Reaktion entstanden – sowohl auf die zeitliche Bereitschaft von Männern, Vater zu werden, als auch auf die mächtige Norm der Kleinfamilie, die Frauen dazu nötigt, auf das ideale zweite Elternteil zu warten.

Die Beschäftigung mit der eigenen Fruchtbarkeit und einem möglichen Wunsch nach Familie ist eine Krux. Denn wenn Kinder lernen, wie Schwangerschaften entstehen, lernen sie in der Regel zunächst, dass jeglicher Sex zwischen Frauen und Männern in einer ungewollten Schwangerschaft enden könnte, wenn sie nicht gewissenhaft verhüten. Selten ahnen Jugendliche, wie schwierig es einmal sein kann, Eltern zu werden. Schon als junger Mensch zu wissen, dass Schwangerschaften und eigene Kinder nicht selbstverständlich sind, ist abhängig von Erwachsenen, die offen mit ihren eigenen Geschichten umgehen. Menschen, die nicht schwanger werden oder bleiben konnten, die vielleicht adoptierten oder ein Pflegekind aufnahmen. Menschen, die keine*n Partner*in gefunden haben für eine gemeinsame Familiengründung.

Manchmal beneide ich meine kleine Tochter darum, mit wie viel Selbstverständlichkeit sie aufwachsen kann und sieht, dass Kinder in ihrer Kita zwei Mütter haben. Bilderbücher erklären die vielen Familienformen. Es hat mich Überwindung gekostet und doch erleichtert, dass ich ihr erzählen konnte, wie ich nach ihr einmal schwanger war, aber nicht blieb, und ihr immer wieder sagen konnte, dass es mit einem Geschwisterkind noch dauern könnte, wir es aber versuchten. Das erste Mal konnte ich über die Eileiterschwangerschaft lachen, als meine Tochter von »Stecki« erzählte, dem Ei, das stecken blieb, herausoperiert wurde und jetzt im Himmel ist. Ich wünsche mir, dass unsere Gespräche und die Fülle der einfach zugänglichen Informationen, mit denen sie groß wird, die Vielfalt der Familien, die sie kennt, es ihr möglich machen werden, mit einem Wunsch nach eigenen Kindern freier und selbstbestimmter umgehen zu können als die Generationen vor ihr.

Social Freezing ist in der öffentlichen Debatte oft als Möglichkeit diskutiert worden, die Menschen mehr Zeit gewährt für Dinge, die sie vor der Elternschaft noch erledigen möchten. Man könnte den Aufschub des Kinderwunsches jedoch auch deuten als geraubte Zeit der Menschen, die ihren Wunsch solange auf Eis legen, bis eine andere Person zur Co-Elternschaft bereit ist. Es gibt keine Garantie, dass sich diese Person jemals findet. Der Autor Tom Scocca beschreibt nicht das Ende der Fruchtbarkeit als »biologische Uhr«, sondern den Zeitpunkt des eigenen Todes: »Wenn man Kinder haben möchte, aber noch nicht jetzt, gewinnt man keine Zeit dazu als Person, die noch zu jung ist, Kinder zu haben. Man zieht Jahre von der Zeit ab, in der man die Welt mit den Kindern teilen wird.« Welcher Wunsch ist also stärker? Der nach Kindern oder der nach einer bestimmten Familienform?

Studien zur Motivation von Frauen, ihre Eizellen für eine spätere künstliche Befruchtung einzufrieren, haben ergeben, dass diese Entscheidung überwiegend aufgrund einer fehlenden Partnerschaft getroffen wird und nicht aus Karrieregründen. Für Frauen aus einer niederländischen Studie war das Warten auf den richtigen Partner so wichtig, dass sie sowohl die Risiken der Eizellentnahme als auch die geringen Aussichten auf eine erfolgreiche Schwangerschaft mit kryokonservierten Eizellen herunterspielten. Statt sich also unmittelbar mit dem eigenen Kinderwunsch auseinanderzusetzen, wählten diese Frauen die Hoffnung, in einigen Jahren in einer Beziehung schwanger werden zu können.

In kaum einer anderen Entscheidung als der für Social Freezing aufgrund fehlender Partner*innen wird so deutlich, wie wirkmächtig das Kleinfamilienideal ist. Denn die Chancen, mit eingefrorenen Eizellen ein eigenes Kind zu bekommen, sind geringer als es das Marketing von Social-Freezing-Anbietern und die öffentliche Diskussion um das Thema herum suggerieren. Im Schnitt werden 20 bis 25 eingefrorene Eizellen gebraucht, bis ein Baby geboren wird, und bei einer Eizellentnahme werden durchschnittlich acht bis zwölf Eizellen gewonnen. Anders jedoch als bei künstlichen Befruchtungen, bei denen Eizellen und Samenzellen direkt zusammengebracht werden, wird sich bei kryokonservierten Eizellen erst herausstellen, ob und wie viele sich befruchten lassen und weiterentwickeln, wenn sie benutzt werden sollen. Das kann also bedeuten, dass sich von beispielsweise 15 eingefrorenen Eizellen keine einzige befruchten lässt oder zu einem Embryo entwickelt, der in die Gebärmutter transferiert werden kann. Mit der Entscheidung für die Kryokonservierung von Eizellen nimmt man, realistisch betrachtet, ein hohes Risiko in Kauf, auf diesem Weg nicht schwanger zu werden und neben hohen finanziellen Kosten eine emotionale Enttäuschung zu erleben. Die Reproduktionsmedizin verhilft vielen Menschen dazu, Eltern zu werden, die es anders nicht hätten werden können, dennoch blieben 80 Prozent der Behandlungen in Deutschland laut IVF-Register 2018, das die Daten von deutschen Kinderwunschkliniken auswertet, ohne Erfolg.

Der Gedanke daran, sich um ein Kind zu kümmern – unabhängig von einer Partnerschaft –, verschiebt also die Perspektive: hin auf das Kind und die genuine Beziehung zu ihm und weg von der Sichtweise des Kindes als ergänzendes Element einer Beziehung oder Erfüllung einer gesellschaftlichen Norm. Diese Sicht könnte hilfreich dabei sein, sich zu fragen, ob man wirklich mit Kindern leben möchte. Warum möchte ich ein Kind? Was erwarte ich von Elternschaft? Was steckt hinter dem Wunsch danach, ein Kind in einer Partnerschaft zu bekommen?

Ein Kind zu wollen um des Kindes selbst willen kann auch ein Impuls für eine gleichberechtigte Elternschaft sein. Denn wenn bei einer Person der Kinderwunsch sehr viel stärker ausgeprägt ist als bei der anderen und die Entscheidung für ein Kind das Ergebnis einer langen Verhandlung ist, die von einer Person nur halbherzig mitgetragen wird, könnte ein Effekt davon sein, dass dieser Mensch sich weniger verantwortlich für das Kind fühlen wird. Ist eine Paarbeziehung zwischen zwei Menschen der richtige Ort für ein Kind, wenn nur eine Person dieses Kind wirklich will?

Immer wieder und in den Corona-Monaten noch einmal mehr wird darüber diskutiert, warum Frauen im Schnitt so viel mehr Care-Arbeit rund um ihre Kinder übernehmen als die dazugehörigen Väter: Sie nehmen längere Elternzeiten, sie arbeiten mit einem riesigen Vorsprung in den familienfreundlicheren Teilzeitjobs, und selbst wenn sie in Vollzeit arbeiten, verbringen sie daneben nachweislich mehr Zeit mit den Kindern als die in Vollzeit arbeitenden Väter. Könnte es sein, dass in vielen Mann-Frau-Konstellationen die gleichberechtigte Elternschaft nie der Plan war oder sie zumindest dadurch erschwert wird, dass eine Person einen größeren Wunsch nach dem Leben mit Kindern hatte als die andere – und sich dementsprechend mehr kümmern möchte oder diese Rolle zumindest zähneknirschend annimmt?

Die traditionelle Kleinfamilie – hetero, cis, verheiratet – erodiert schon lange, und das nicht nur, weil sich die Akzeptanz anderer Lebensmodelle vergrößert hat, sondern auch, weil sie die vielfältigen Bedürfnisse von Kindern und Erwachsenen nicht erfüllen kann. Sie scheitert nicht an zu wenig Liebe, sondern am Alltag. Sie wird oft nicht von Zuneigung zusammengehalten, sondern von wirtschaftlicher Notwendigkeit. Die Kleinfamilie stabilisiert Geschlechterungleichheit und ist als Ort, an dem überwiegend Frauen jeden Tag viele Stunden unbezahlter Arbeit übernehmen, immanenter Bestandteil der gegenwärtigen Wirtschaft. Daher haben Politik, Unternehmen, Menschen, die Gesellschaft und Wirtschaft so bewahren wollen, wie sie sind, auch kein Interesse daran, das Ideal der Kleinfamilie in Frage zu stellen. Im Gegenteil: Sowohl politische Regelungen als auch wirtschaftliche Rahmenbedingungen tragen dazu bei, dass die heteronormative Kleinfamilie das kulturelle Leitbild bleibt.

Je mehr Menschen ihr Leben in anderen Familienmodellen verbringen, desto mehr Druck entsteht auf Politik und Wirtschaft, für den Alltag dieser Menschen Rechte und Strukturen zu entwickeln. Dass also insbesondere von rechts immer wieder kritisiert wird oder versucht wird zu verhindern, schon in Kitas und Schulen über die Vielfalt von sexueller Orientierung und

Identität zu sprechen, dass konservative Politik weitere Familienmodelle rechtlich nicht anerkennen und absichern will, hat nicht nur mit fehlender Toleranz, offener Ablehnung von queeren Menschen oder Antifeminismus zu tun – es geht darum, eine umfassende gesellschaftliche Veränderung, die die Wirtschaft einschließen würde, zu verhindern.

Eine volle Akzeptanz von sowohl Single-Eltern als auch den vielen weiteren Familienformen, in denen Menschen heute leben, wird verändern, wie Menschen wohnen, da die neuen Großfamilien aus zum Beispiel Single-Eltern-WGs entsprechenden Wohnraum brauchen, so wie schon jetzt Alleinerziehende fordern, dass Wohnraum für sie öffentlich gefördert wird. Diese Akzeptanz würde verändern, wie viele Erwachsene täglich erwerbsarbeiten, wie Kinder von anderen Menschen als ihren Eltern betreut und versorgt werden, und es würde zum Beispiel auch den gesetzlichen Mindesturlaub in Deutschland mit den 63 Ferientagen von Schulkindern harmonisieren.

Aber auch im Freundeskreis müsste sich der Ansatz ändern: Single-Freund*innen mit Kinderwunsch zu unterstützen, würde nicht mehr bedeuten, sie mit irgendwelchen Vollzeit arbeitenden Kollegen des eigenen Mannes zu verkuppeln, mit ihnen ihr Online-Dating-Profil zu optimieren oder ihnen zu sagen: Die richtige Person kommt schon noch. Stattdessen könnte man gemeinsam überlegen, welche Familienmodelle, die ohne Warten auf Traumprinzen und

Traumprinzessinnen auskommen, den Wunsch nach dem Zusammenleben mit Kindern vielleicht sogar besser erfüllen könnten. Falls die Entscheidung auf die Solo-Elternschaft fällt, sollten Freund*innen versprechen, da zu sein und gemeinsam das Dorf zu bauen, das die Kleinfamilie aus zwei müden Erwachsenen niemals war und sein kann.

Vielleicht ist das dann der beste Plan. Jedenfalls besser als mit jemandem Kinder zu bekommen, der sie sich vielleicht gar nicht wünscht, oder schlicht sehr viel weniger. Das ist im besten Fall ein pragmatisches Arrangement. Dabei ist die romantische Variante möglich, in der ein Kinderwunsch in ähnlicher Intensität geteilt wird – auch wenn das bedeuten kann, dass man ein Kind mit sich selbst bekommt.

Lene Albrecht

EINE GUTE FRAU

Seit einer Stunde sitzt die Mutter in der Küche, noch in Mantel und Stiefeln, und wagt es nicht, beides auszuziehen, obwohl sie furchtbar schwitzt. Vielleicht lässt sich so die Zeit aufhalten. In dieser Küchenkapsel. Nichts wäre geschehen.

Alle Konturen zerfließen; oranges Licht flutet den Raum. Das Obermaterial des Wintermantels knistert leise, wenn sie sich bewegt. Es ist eindeutig zu heiß. Sie greift hinter sich, stellt die Heizung niedriger und denkt dabei an die andere Frau; sie denkt daran, wie sie unter dem grellen Neonlicht ausgesehen hat. Wie sich ihr Körper gegen den Schmerz stemmte. Das Gesicht als starre Maske.

Mit der kleinen, hilflosen Stimme eines verschreckten Kindes hat die Mutter immer wieder gefragt, ob alles in Ordnung sei, obwohl sie selbst sehen konnte, dass nichts in Ordnung war. Also: gar nichts.

Der Fuß war seltsam verdreht, um mindestens 45 Grad, und so sehr geschwollen, dass der Schuh nicht mehr gepasst hatte, und selbst die fliederfarbene Socke nur halb.

Ob sie nicht doch lieber eine Pause machen will, fragte die Mutter auf dem Weg vom Taxi zum Eingang der Notaufnahme. Davor standen Menschen im Regen, die einsam rauchten und den unheilvollen Eindruck erweckten, ihr ganzes Leben sei bislang ein einziger großer Unfall gewesen. Die Frau biss sichtbar die Zähne zusammen. Die Lippen schmal geworden, schüttelte sie müde den Kopf.

Später trat die Mutter allein vor die Tür. Der Asphalt glänzte wie die nasse Haut eines Reptils, und im Gras pickten ein paar schmutzige Schwäne nach den essbaren Resten der Menschen, die der Regen vertrieben hatte.

*

Die Geschichte, die sie erzählt, wenn sie sich dreckig fühlt, mündet oft in diesem seltsamen Stottern: Kotze, Kacke, Chaos. Es geht um Wutanfälle, *Mental Load* und Ausnahmezustände. Es geht um Abende wie diesen Abend vor mehr als zwei Jahren.

Als die Mutter nach Hause kommt, schlafen der Mann und das Baby schon. Sie geht kurz ins Schlafzimmer, um sie atmen zu hören; das langsame und gleichmäßige Luftholen ihres Mannes und das kürzere Schnaufen des Babys dazwischen. Die Dunkelheit ist vollkommen, eine Wärme umfängt sie. Sie ist beruhigt. Es riecht säuerlich, und es dauert eine Weile, bis sie versteht, dass die abgepumpte Milch der Grund ist, die der Vater nur halb verfüttert auf der Kommode hat stehen lassen. Typisch, denkt sie. Nichts weiter. Nun zersetzt sich die Flüssigkeit in ihre Bestandteile. Oben schwimmt das Fett, unten setzt sich der wässrige Teil ab.

Kurz überlegt sie, sich einfach zu ihnen ins Bett zu legen, der Schwere nachzugeben, aber dann nimmt sie doch die Milch, schließt behutsam die Tür hinter sich und geht in die Küche, wo sie das Fläschchen in die Spüle ausleert. Es ist kurz nach Mitternacht, die Mutter hat weder die Zähne geputzt noch das Gesicht gewaschen, und seit sie denken kann, ist ein Verzicht auf eines von beidem der Anfang vom totalen Kontrollverlust. Und wo sie schon mal wach ist, füllt sie Wasser in den Kocher, um noch einen Tee aufzubrühen, zum Runterkommen. Sie setzt sich an den Küchentisch und tut zum ersten Mal an diesem Tag nichts.

Den ganzen Nachmittag und frühen Abend hat sie im Funkhaus verbracht. Nachrichten gesichtet, Texte verbessert, Ansagen eingesprochen. Die konzentrierte Stille in den leeren, muffigen Büroräumen hat sie friedlich gestimmt. Zusammen mit der Tatsache, dass sie sich einer Sache komplett hatte zuwenden können, ohne dabei ständig die blanken Brüste auspacken zu müssen. Auch wenn sie das Stillen mag, ebenso gern mag sie ihre Ruhe haben. Ein Widerspruch, der manchmal nur schwer auszuhalten ist. Noch vor wenigen Monaten hätte sie nicht geglaubt, dass Arbeit ihr so viel Friedlichkeit schenken kann.

Die Friedlichkeit vibrierte nach. Hielt den ganzen Heimweg über an, sogar dann noch, als die Mutter entschied, die Abkürzung durch den dunklen Park zu nehmen, wo erst kürzlich eine Kollegin überfallen und sexuell belästigt worden war. Der Personaldienstleiter hatte an alle eine förmliche E-Mail höchster Priorität mit dem Betreff »Warnung« herumgeschickt. Eigentlich hat sie immer Angst im Dunkeln. Manchmal glaubt sie, dass dies der Grund sein muss, warum sie statistisch gesehen nicht jede siebte Frau ist, die in Deutschland sexualisierte Gewalt erlebt hat. Wie oft ist sie ausgewichen, umgekehrt, wie viele Kilometer Umweg gelaufen? Und selbstverständlich weiß die Mutter, dass es keinen Grund geben kann, nicht für Gewalt, und sie deshalb auch niemals davor sicher sein wird, was die ganze Sache ad absurdum führt.

Zu ihrem eigenen Erstaunen fürchtete sie sich an diesem Abend nicht, im Gegenteil, sie lief mit kurzen, festen Schritten. Eine neue Sicherheit, die mit der Geburt des Babys kam und sie manchmal an eine alte Wut erinnert. Vielleicht ist sie biologisch, diese Lust an der Selbstverteidigung: Komm doch, Gefahr, komm, dich pack ich auch noch, dich puste ich weg!

Die kalte Luft streichelte ihr Hirn. Es war Oktober, und die Mutter fühlte sich für alles gewappnet.

Jetzt sitzt sie am Tisch, in ihrer eigenen Wohnung, und hört auf einmal das Summen. Eine schillernde Fliege setzt sich auf die Platte, genau zwischen die Krumen vom Abendbrot, reibt raschelnd ihre Flügel aneinander. Sie setzt sich auf das dreckige Geschirr, das sie vorher nicht wahrgenommen hat. Daneben die Pfütze einer gelblich-trüben Flüssigkeit. Eingetrocknete Ränder von Kaffeetassen bilden ein abstraktes Muster auf dem Holz. Die Fliege zuckt unter dem Licht, ihre Flügel werfen Schatten, aber das Summen kommt jetzt von weiter oben. Sie richtet den Blick zum Lampenschirm aus himmelblauer Emaille, wo mindestens zehn weitere Fliegen sitzen, innen und außen. Auch an den Wänden, ein ganzer Schwarm, und dann sind sie plötzlich überall. Durch ihre Präsenz aufgestört, fliegen sie von einem Möbel zum anderen.

Für Minuten tut die Mutter nichts, außer benommen ihrem Treiben zuzusehen. Manche kopulieren, andere flitzen von einer Tischkante zur anderen. Schließlich steht sie auf, zieht den Stecker vom Wasserkocher, löscht das Licht und verlässt die Küche, ohne den Tee.

Im Bad fällt ihr wieder ein, dass sie den Bio-Abfall nicht entsorgt haben. Einen Tag, mehrere, oder sogar Wochen? Die Fliegen sind ihr aufgefallen, das schon, aber nicht in dem Umfang. Ein Umfang, den sie noch nie irgendwo gesehen oder überhaupt für möglich gehalten hat. Kurz kämpft sie mit der Idee, ihren Mann zu wecken, um ihm zu sagen, dass sie etwas unternehmen müssen, aber was hätte das um diese Uhrzeit schon sein können? In T-Shirt und Unterhose legt sich die Mutter zum Schlafen auf die Couch. Sie zieht die Decke über den Kopf. Auf diese Weise rettet man Pferde aus einem brennenden Stall, so hat sie das irgendwo gelesen. Wenn die Tiere die Flammen nicht sehen, heißt es, haben sie weniger Angst und geraten nicht in Panik.

Am Morgen sind die Fliegen immer noch da, es sind sogar mehr geworden. Immerhin unterhalten sie das launische Baby; es gurgelt vor Freude, wenn sich ihm ein Tier nähert, auf seinem speckigen Unterarm Platz nimmt, dann wieder auffliegt.

Es ist sechs Uhr, als der Vater ihr das Kind nach einer unruhigen Nacht bringt. Da, bitte, du bist jetzt dran. Gierig trinkt es an ihrer Brust, und sie kann es genießen, entspannt. Sie riecht an seiner weißen, weichen Haut im Nacken und wird ganz demütig. Dann geht sie in die Küche, der Magen knurrt. Aber das Brot ist alle, der Kühlschrank leer.

Nicht seine Schuld, sagt der Vater, als er zwei Stunden später aufwacht und sich den Schlaf aus den Augen reibt. Schließlich wäre sie dran gewesen.

Die Mutter ist sich sehr sicher, dass er an der Reihe gewesen wäre. Will er sich nicht erinnern, oder kann er es wirklich nicht?

Sie streiten ein bisschen, stellen dann aber schnell fest, dass sie eigentlich zu hungrig dafür sind. Es gibt Müsli mit einem Schuss sauren O-Saft und Nachsicht für beide Parteien, obwohl ihre Wut noch längst nicht verflogen ist. Die kann sie nun in ihre nächste Unternehmung stecken; mit dem Baby vor der Brust kauft sie Fliegenfallen in der Drogerie, zur Sicherheit gleich eine ganze Batterie. Dottergelbe Streifen, die mit einer klebrigen Substanz bestrichen sind und an den Fingern haften bleiben. Sie hängt die Streifen an den Lampenschirm in der Küche, im Bad über den Wickeltisch. Mit ihren starken Armen bringt sie alle Abfälle runter, in jeder Hand gleich zwei schwere Säcke. Der

Vater wischt den Schrank aus, als er am Abend nach Hause kommt. Sie sind ein gutes Team. Im Internet lesen sie, dass man vor allem die winzigen Eier erwischen muss.

Jeden Tag kleben neue Körper an den Streifen. Sie zucken und winden sich, geben irgendwann auf. Trotzdem werden es einfach nicht weniger. Sie nehmen immer mehr Räume ein, sind nicht mehr nur in Küche und Bad, sondern auch im Schlafzimmer.
Das ist der Moment, in dem sie kapituliert.
Nach einer Woche ruft die Mutter die Nummer an, die ihre Freundin Nora ihr gegeben hat. Nora, der alles mühelos zu gelingen scheint und die bei allem auch noch so unfassbar gut gelaunt ist. Gerade ist sie mit ihrem dritten Kind schwanger, arbeitet halbtags in einer angesagten Grafikagentur und hat nur wissend gelächelt, als sie ihr erklärte, warum eine Putzhilfe – noch dazu schwarz bezahlt – für sie politisch mehr als fragwürdig ist und eigentlich nicht in Betracht kommt.

Es dauert nicht lang, bis sie verstanden hat, dass so ziemlich alle Menschen mit kleinen Kindern in ihrem Umfeld eine Putzkraft haben. Früher dachte sie, dass sich so etwas nur reiche Menschen leisten. Menschen ohne Gewissen. Menschen, mit denen sie nichts am Hut hat. Wie ein geheimer Club, der sich nun für ihre Augen und Ohren öffnet, da sie selbst dazugehört, erzählen andere Mütter in der Kita unbefangen von ihren Putzfrauen, die sie selten beim Namen nennen. Diese Namenlosen wiederum scheinen ihrerseits ein unsichtbares Netz durch die ganze Stadt zu spinnen. Noras Putzkraft sagt, sie habe keine Kapazitäten mehr, aber sie könne ihr Maria vorstellen.

Schon zwei Tage später stehen die beiden vor der Tür. Alle zusammen laufen sie durch die Wohnung. Beide haben sie ihre Schuhe ausgezogen, ordentlich im Flur abgestellt, aber die Mäntel angelassen. Die Mutter riecht die Zigarette, die sie wahrscheinlich gerade eben noch hastig aufgeraucht haben.

Noras Putzkraft übernimmt die Führung. Laken wechseln? Boden wischen? Wäsche zusammenlegen? Die Mutter braucht nur zu nicken oder den Kopf zu schütteln. Noras Putzkraft übersetzt, es klingt alles viel knapper, von den umständlichen Höflichkeitsfloskeln befreit. Falls es dir nichts ausmacht. Das wäre toll. Bitte. Danke. Maria, erklärt Noras Putzkraft schroff, spricht noch kein Deutsch. Wie sie selbst kommt sie aus der Ukraine.

Hinter ihnen läuft der Vater, der das Baby in der Trage vor die Brust geschnallt hat. Wenn andere Stimmen im Raum sind, scheint es immer zufriedener, als wenn es mit ihnen allein ist, und die Mutter hat aufgehört, sich zu fragen, ob sie das persönlich nehmen soll.

Ihr Mann, der ein höflicher Mann ist, hat den Frauen mit sanfter Stimme erst einen Kaffee, dann ein Glas Wasser angeboten, was sie beides ablehnten. Nun behandeln sie ihn wie Luft und er steht etwas trottelig daneben.

Die Fliegen und die grässlichen gelben Streifen kommentieren die Frauen mit keinem Wort und die

Mutter ist ihnen dankbar dafür. Noras Putzkraft wiederholt immer wieder: Maria ist eine gute Frau.

Die Mutter nickt, natürlich, sie lächelt. Sie will, dass die beiden wissen, dass sie nicht eine dieser dekadenten Menschen ist, die anderen ihren Dreck aufwischen lässt. Natürlich ist sie das jetzt, aber dann auch wieder nicht. Schließlich handelt es sich hier um einen Ausnahmezustand.

*

Mittlerweile hat sie den Mantel ausgezogen. Auf dem Küchentisch steht noch die Kiste mit den Putzmitteln; sie verströmt einen Geruch nach Essig und Scheuermilch. Sie saugt den Geruch ein, stößt ihn aus. Der Staubsauger steht mitten im Weg, das Kabel ist eingesteckt und schlängelt sich durch den ganzen Raum.

Die Mutter zieht das Handy aus der Tasche. Das Display leuchtet viel zu hell. Es ist schon nach sieben, der Vater mit dem Kind immer noch nicht zu Hause.

»Wo seid ihr«, schreibt sie, »vermisse euch.« Sie löscht den letzten Teil, obwohl er wahr ist, und schickt nur die Frage. Ohne dass sie es will, haben ihre Finger den Messenger geöffnet. Sie scrollt zu Marias letzter Nachricht von heute Morgen. Ihr Status ist unverändert. Sie tippt das Profilfoto an, zieht es groß, riesenhaft. Das Foto zeigt Maria und zwei Jungen, die sie von hinten umarmen. Ein Kopf liegt über der linken, der andere über der rechten Schulter. Zahnlücken. Dieselben grauen, wachen Augen und eine Innigkeit, die keinen Zweifel zulässt.

Oder doch?

Natürlich sind das ihre eigenen Kinder, hat der Vater schmunzelnd gesagt, als die Mutter ihn nach seiner Meinung fragte, und weiter: Warum interessiert dich das?

Wenn es ihre Kinder sind, fragt sich die Mutter jetzt, wo sind sie in diesem Augenblick? Bei einer Großmutter? Dem Vater? Einer Freundin? In der Ukraine oder in Deutschland? Wie kann es sein, dass sie Maria seit gut zwei Jahren einmal die Woche sieht, ohne zu wissen, ob sie Kinder hat und wenn ja, wo sie leben?

Sie stellt sich vor, dass der Kleinere der beiden am Saum eines riesigen Fußballplatzes steht und wartet, weil er nicht wissen kann, dass seine Mutter einen kaputten Fuß hat, und ihr Herz verkrampft sich ein wenig.

Kurz überlegt sie, Maria eine Nachricht zu schreiben, aber sie weiß nicht, was genau darin stehen könnte, ohne dass es verlogen klänge, nach zwei Jahren, in denen sie nicht einmal gemerkt hat, dass Maria mittlerweile sehr gut Deutsch sprechen kann.

Irgendwie hat sie die Ausfahrt Richtung Menschlichkeit verpasst, denkt sie, und jetzt ist es schwer, dorthin zurückzufinden.

*

Maria kommt immer dienstags. Kaum hat sie die Wohnung betreten, wechselt sie ihre Straßenschuhe gegen einfache Flip-Flops und macht sich an die Arbeit.

Immer verlässt die Mutter die Wohnung und versucht die Besorgungen so zu arrangieren, dass sie erst zurückkehrt, nachdem Maria gegangen ist. Die Mutter vermutet, dass es stört, wenn das Kind zwischen ihren Beinen herumflitzt, aber insgeheim ist es ihr selbst unangenehm in der Wohnung zu sein, während Maria putzt.

Das Kind ist jetzt ein Kleinkind, das flitzen kann. Einmal zieht es die abgetragenen Flip-Flops der Mutter aus dem Schuhschrank, schlüpft in seinen Söckchen hinein und verkündet strahlend mit einem Spielzeugbesen in der Hand: Ich bin Maria.
Manchmal bringt Maria dem Kind etwas mit; ein abgepacktes, mit Nugat gefülltes Hörnchen oder einen Lutscher. Eigentlich soll das Kind nicht so viel Süßigkeiten essen, aber die Mutter lässt es geschehen, lächelt höflich und bedankt sich vielleicht etwas zu schroff mit dem einzigen Wort Russisch, das sie beherrscht.
Mit der Zeit lernt sie, dass der Ausnahmezustand ein Wort ist, das unendlich gedehnt werden kann, denn die Ausnahme ist mit Kleinkind der Regelfall.

*

Die meisten Unfälle passieren im Haushalt.
Heute denkt die Mutter zum ersten Mal wirklich über diesen Satz nach und je öfter sie ihn wiederholt, desto unheimlicher wird er. Die Tatsache, dass die Gefahr nicht in Gestalt eines Säbelzahntigers von außen daherkommen könnte, sondern bereits listig mit am Lagerfeuer sitzt, hat sie schon als Kind verstört.
Sie sieht auf das Handy, um die Uhrzeit abzulesen. So lang kann das nicht dauern, einen Fuß zu operieren,

oder doch? Ihn zu öffnen, alles wieder an seinen Platz zu schieben, ihn dann zu verschließen.

So stellt sie sich das vor. Letztlich ist auch ein Chirurg jemand, der Ordnung schafft, nur wird seine Arbeit viel besser bezahlt. Was passieren würde, fragt sich die Mutter, wenn alle Putzkräfte dieser Erde sich zusammenschließen würden und die unsichtbaren Pfeiler dieser Welt zum Einstürzen brächten. Wenn der Chirurg nicht im OP erscheinen könnte, weil sein Kittel ungewaschen auf einem Berg mit den Kleidern anderer läge. Kurz wird ihr mulmig, deshalb schiebt sie den Gedanken beiseite.

Vielleicht sollte sie doch jemanden informieren. Nora zum Beispiel, die dann ihrer Putzkraft Bescheid sagen könnte. Sie hätte sicher gewusst, was zu tun ist, wenn jemand dringend einen Arzt braucht, aber keine Versicherung hat.

Als sie heute nach Hause kam, lagen die Scheine, die sie seit zwei Jahren an derselben unauffälligen Stelle auf der Kommode platziert, immer noch dort. Das war das Erste, was ihr auffiel. Dann die Schuhe, Marias Tasche am Boden.

Maria kauerte in der Küche, mit dem Rücken zur Wand, Tränen liefen über ihr nasses Gesicht, aber sie war dabei ganz still. Sah auf ihren verunglückten Fuß, den sie weit von sich gestreckt hatte, als gehörte er von nun an nicht mehr zu ihrem Körper dazu.

*

Auch wenn Maria bereits die Wohnung verlassen hat, ist sie immer noch anwesend, und es dauert mindestens einen Tag, um sie loszuwerden.

Alles strahlt, die Schuhe im Flur sind geordnet wie ein Schachbrettmuster, und manchmal kommt sich die Mutter selbst wie ein Fremdkörper hier vor, sodass es dauert, bis die Wohnung wieder zu ihrer Wohnung geworden ist. Wie ein Kleidungsstück, dass man lange an jemanden ausgeliehen und dann vergessen hat.

Vor allem aber riecht es in den hohen Altbauräumen. Es ist ein intimer Geruch wie nach langem Schlaf, Sport oder Sex. Es riecht nach Marias Schweiß mit verduftetem Deo oder billigem Parfüm, seltener nach kaltem Rauch. Es riecht nach etwas, das die Mutter schnell loswerden will, weil sie ahnt, dass es in Wirklichkeit ihr schlechtes Gewissen ist, das sich hier breitmacht. Deshalb reißt sie als Erstes immer alle Fenster auf.

Sie weiß nicht, wann das angefangen hat.

Oder, doch. Vielleicht weiß sie es eben doch.

Damals, eventuell, vor mehr als zwei Jahren, als sie zum ersten Mal durch die Wohnung liefen, die voller Staubmäuse und Fliegen war, während Noras Putzkraft immer wieder sagte: Maria ist eine gute Frau.

Weil die Mutter zu wissen glaubte, was die Frauen von ihr dachten: dass sie selbst keine gute Frau war. Insgeheim stellte sie sich vor, wie die beiden unten auf der Straße angeekelt das Gesicht verziehen und in Gelächter ausbrechen würden. Die Mutter ist sauer, weil die Frauen nur sie adressiert haben und nicht den

Vater. Sie ist sauer auf sich selbst, weil sie sich den Schuh schließlich anzieht und irgendwo in einer dunklen Nische ihres modernen Bewusstseins selbst daran glaubt, dieser Saustall sei allein ihr Versagen. Nicht das des Mannes. Dass das Aufräumen, das Putzen, das Sortieren und Organisieren, das Planen und Sorgen zu ihrer Natur gehört. Oder: gehören sollte. Sie ist wütend, weil sie schon alles gibt, aber es niemals genug ist. Weil die eigentliche Aufgabe darin besteht, alle diese Arbeiten nicht wie Arbeit aussehen zu lassen, sondern wie Fürsorge, oder noch schlimmer: Liebe. Weil sie dazu nicht imstande ist und deshalb die Situation einer anderen Frau ausnutzt, die weniger Glück hatte, was sie selbst zu einem Menschen macht, der sie nie hatte sein wollen.

Die Mutter ist wütend, weil sie diese Gedanken gerne mit dem Vater teilen würde, der, obwohl er ein sanfter, ein guter Mann ist, all das nicht verstehen wird. Denn er hat, anders als sie, keine dunkle Nische.

*

Das Licht macht schaumige Ränder, alles wirkt weich und die Mutter fühlt sich versöhnlich. In diesem Moment klappert der Schlüssel im Schloss. Sie ist noch nie mit dem Gesetz in Konflikt geraten. Wenn es auffliegt, wird sie sagen, dass alles so schnell ging und sie nicht darüber hatte nachdenken können. Dass es ihr jetzt, wo sie die Zeit hatte, darüber nachzudenken, allerdings vollkommen richtig erscheint. Als die einzige Möglichkeit überhaupt.

Alternativlos.

Weil sie für jemanden, der sich seit über zwei Jahren um ihren Saustall kümmert, ohne dabei abgesichert zu sein, doch eine Verantwortung trägt.

Es waren nur einige wenige, geistesgegenwärtige Sekunden.

Sie hat Maria ihre kühle Chip-Karte in die Hand gedrückt.

Du heißt jetzt wie ich, okay? Du bist Maria. Nur so lange, bis dein Fuß wieder in Ordnung ist.

Sie hat sie irritiert angesehen, für einen kurzen Moment waren die Schmerzen aus ihrem Gesicht wie weggewischt. Sie nahm die Hand, in der die Mutter die Karte hielt, und drückte zweimal sehr fest. So fest, dass die Ränder der Versichertenkarte in ihre Innenflächen schnitten.

Maria bedankte sich nicht, und das machte alles einfacher zwischen ihnen.

Jetzt knipst der Vater das Licht an, zieht den Stecker.

Warum hockst du hier so im Dunkeln?

Sie kneift die Augen zusammen. Das Kind springt ihr sofort auf den Schoß, fummelt an ihrem Rollkragen herum. Sie taucht ihre Nase tief in sein Haar und gibt auch ihrem Mann einen Kuss.

War was los, fragt er, du hast so oft versucht, mich zu erreichen.

Sie wirft ein letztes Mal einen flüchtigen Blick auf ihr Handy, schüttelt den Kopf; nein, eigentlich nicht, alles wieder in Ordnung.

Elena Messner

BRIEF AN EINE MUTTERGEWORDENE SCHRIFTSTELLERIN

Alles Gescheite ist schon gedacht worden, man muss nur versuchen, es noch einmal zu denken.
J. W. Goethe

Liebe Freundin,
nun bist auch du schwanger.
Du, die immer meinte, den »Wunsch, Mutter zu werden« lieber durch den »Wunsch, Verbrecherin zu sein« zu ersetzen, wirst bald sagen können: »*Alles* ist austragen und dann gebären ... das allein heißt künstlerisch leben.« Und darum hast du mich, liebe Freundin, wenige Monate vor deiner Niederkunft, um Rat gebeten, oder: »Weniger um Rat, vielmehr um Trost«, wie du schreibst, und auch um »Billigung«.

Warum gerade mich? Wohl nur deswegen, weil ich ebenso oft zu dir gesagt habe »Ich werde niemals schwanger!« wie du zu mir. Nun werden wir beide Mütter.

»Billigung«, willst du also. »Oder Trost, vielleicht Freude?«, schreibst du.

Aber du sollst viel mehr von mir bekommen: Jubel. Mehr noch, Begeisterung.

Du fragst dich gewiss, weshalb Jubel, und das gerade aus meinem Munde? Haben nicht gerade wir beide unentwegt davon gesprochen, dass das *Mutterwerden* zwar der Anfang eines neuen Lebens, aber auch das Ende jedes künstlerischen ist? Habe nicht gerade ich dir oft gesagt, dass du nicht mehr schlafen wirst, *danach*? Dass du nicht mehr schreiben wirst, *danach*? Dass es sein wird, als hätte es dich und deine Literatur nie gegeben, *danach*?

Es stimmt, wir haben darüber gesprochen. Aber: Wir haben damals nicht gewusst, dass etwas uns überwinden wird, dich und mich, in unserer Ängstlichkeit und Verzagtheit.

Vertraue mir, es wird.

Du fragst, was auf dich zukommt. Du fragst nach den Gefahren der *muttergewordenen* Zeit. Du fragst nach unserem Schreiben, von dem du fürchtest, es werde sich nach der Geburt verändern (im besten Falle) wie die Stimme einer Sängerin nach einer Schwangerschaft, oder aber es werde (im schlimmsten Falle) versiegen. Du fragst mich, ob ich denke, dass auch du selbst mit deiner Literatur verschwinden wirst.

Du fürchtest nicht zu Unrecht, und doch das Falsche.

Der allerwichtigste unter meinen Ratschlägen ist der folgende: Hüte dich vor falschen Analogien. Hüte dich ebenso vor falschen Schreibgesten. Glaube nicht, dass du als Schriftstellerin allein sein musst, der Prototyp männlicher Autoren-Cowboys hat sich erledigt.

Wette darauf, dass du viele bist, schon durch die Mutterschaft. Vor allem aber durchs Schreiben.

Mit der Geburt wirst du den Glauben an das Frausein verlieren, und damit an das Menschsein, weil dies ein und dasselbe ist.

Tritt nicht als Vertreterin deines Geschlechts auf oder als Mutter. Du vertrittst nur dich selbst. Wette darauf, dass eine Generation von Schriftstellerinnen kommen wird, die dich vertritt, ohne dass du sie selbst vertreten musst. Sie wird jene sein, von der du am Ende deines Lebens als »deiner Generation« sprechen wirst, obwohl du dich ihr Zeit deines Lebens nicht zugehörig gefühlt haben wirst.

Es wird eine Generation sein, die keine Mutterschaftschizophrenie mehr kennt. Sie wird schreiben, als Mutter und als Nicht-Mutter, als Noch-Nicht-Mutter, als Bald-Mutter, als Niemals-Mutter. Es wird keinen Unterschied geben. Diese Generation wird aus dem Magma und dem Chaos der Welt ihre Werke schaffen.

Sie wird keine Traditionslinie kennen, wenn es um die Frage der Verwandtschaftsbeziehungen geht.

Sie wird keinen Mütterhass, keinen Schwiegermütterhass, keinen Stiefmütterhass kennen.

Sie wird eine vielfältige Verwandtschaft kennen, eine gewählte und eine nicht gewählte.

Sie wird keine Reduktion ihrer selbst auf ein Opfer und noch weniger auf eine Aufopfernde kennen, und auch kein Leben, wie es die Frauen versnobter Künstler führten, während sie heimlich nachts in ihr Tagebuch schrieben. Sie wird das Dichten als wildeste Form von Elternschaft kennen: ein nicht von Fürsorge durchtränktes und doch von Liebe getragenes. Ein Zärtliches.

Wette nicht auf den einzelnen Augenblick. Nicht einmal auf die Geburt, den längsten aller Augenblicke.

Wette auch nicht auf die Unendlichkeit.

Warum konnten wir uns bislang diese Generation nie vorstellen, von der ich schreibe?

Du hast recht, dein Schreiben, wie alles Leben mit Kind, wird unentwegt unterbrochen werden, von Erledigungspflichten, von Milchstauungen und Krankheit des Nachwuchses, von der Arbeit an dessen Staatsbürgerschafts-, Melde- und Existenzbeweisen. Es wird ein Schreiben voller Aufschiebungen sein. Ein ewiger

Satz ohne Ende, immer wieder neu aufgenommen, nach Wochen, oftmals Monaten der Abwesenheit vom Schreibtisch, ein Satz obendrein, der immer öfter einhändig verfasst werden wird, weil das Kind links über die Schulter gelegt bleibt dabei.

Es wird eine freiwillige Unterbrechung sein, keine erzwungene, wie für so viele Generationen vor uns. Sie wird nicht permanent sein, kein gänzliches Verstummen, nur ein Innehalten, weil die Zärtlichkeit ihre eigenen Zeitgesetze kennt. Immer wird da etwas Dringenderes, An-dir-Ziehendes sein, der Blick auf die Uhr, das Wissen um die verpasste, um die nicht einholbare Zeit, der Blick aufs Kind, oder die Kinder, die während des Schreibens still saßen, schauten, freundlich zunächst, besorgt, dann vorwurfsvoll – zuletzt brüllend.

Hüte dich vor falschen Schlussfolgerungen.

Ertrage diesen Blick und transformiere ihn nicht in schlechtes Gewissen, in keine anhaltende Schuldneurose, sondern in Stolz, trotz dieses Blickes geschrieben zu haben. Die Generation, von der ich gesprochen habe, wird wissen, dass dein Schreiben auf Kosten gegangen ist.

Es wird eine der großen Ideen des 21. Jahrhunderts sein, dass Mütter Schriftstellerinnen sind und umgekehrt. Auch die Karriere des Wortes Feminismus wird eine unglaubliche sein. Ebenso die Karriere des Wortes

Schriftstellerin. Diese beiden Worte sind Vokabel der Größe. Was ist fantastischer als das Mutterwerden, was überragender als das Schriftstellerinnendasein und was fesselnder als deren Verbindung?

Das männliche Schreibsubjekt, wie es sich in Form von jungen deutschsprachigen Schriftstellern manifestiert, verkennt gerade diese Faszination. Denke an die Äußerungen unserer Kollegen, etwa die von B., dem jungen Autor, der in mehreren Interviews meinte, dass exzessives Schreiben – und allein solches zähle für ihn, schreibt er – mit Beziehungen kaum vereinbar sei, und erst recht nicht mit Kindern. Dies war ein Mann, der gerade einen seitenstarken Familienroman veröffentlicht hatte, möchte ich hinzufügen.

Oder der andere junge Dichter, von dem eine Autorin schreibt, er habe vom Überwinden seiner Schreibkrise folgendermaßen erzählt: Ein manisches Makrotagebuch habe er geführt, an dem er von morgens um acht bis nachts um eins durchgehend schrieb, mit einer Nachmittagspause für die Familie. »*Eine Nachmittagspause*«, legt die Autorin nach, ihn wiederholend. *Sie ist eine von uns, so dachte ich mir beim Lesen, ironische Monster erkennen sich gegenseitig.*

Oder denke an den im Mai dieses Jahres preisgekrönten Poeten, der meinte, er könne nur schreiben, wenn er allein sei, es sei immer eine Entscheidung zwischen Familie oder Literatur, weswegen er nur kurze Beziehungen führe und sich an nichts und niemanden binde.

Das Modell, das sie propagieren, ist alt. Die emotionale Isolation des Schriftstellers als Überlebensstrategie in einem literarischen Betrieb, der nur Konkurrenz kennt und darum das *Wegwerf-Lieben* propagiert. Ihre Strategie, ihre Selbstdarstellung nichts Neues. Das Verwechseln von Verantwortlichkeit mit Bürgerlichkeit. Die inbrünstigen Ausreden, um Verantwortung abzuwälzen: »Ich muss alleine sein!« oder: »Ein Dichter schafft nur aus sich selbst!« oder: »Der Künstler kann nicht für andere da sein, nur für seine Kunst!« Der Ego-Trip. Die große Camouflage: Narzissmus statt Genie. (Ich weiß, auch du denkst an A., ich dachte ebenfalls an ihn, weil er für all die anderen steht.)

Du kennst mich gut, du weißt, was nun folgt. Nämlich die Frage: Wie kann eine radikale Mutterschaft als Denk- und Schreibstrategie die Selbstverliebtheit solcher Autoren-Egos zersetzen?

Ein wichtiger Ratschlag, der eigentlich an den Anfang gehört: Bedenke auch du, dass niemand seinem Schicksal entrinnen kann; und da auch du zum Lorbeerkranz und dunklen Kämmerchen des göttlichen Tasso, zum Spital und Nachruhm des Portugiesen Camões bestimmt bist, was kann dich daran hindern? Doch nicht etwas so Geringes wie die mütterliche Schuldneurose?

Du wirst sehen, erst wenn etwas in dein Leben tritt, das tatsächlich dringender ist als dein Schreiben, und wenn du darum, dennoch schreibend, beweist, dass du als Dichterin zum Äußersten fähig bist: zu schreiben trotz Mutterschaft, wird dein Werk vollendet sein. Du wirst Dichterin sein wie nie zuvor. Kein alleinstehender Mann und auch nur die wenigsten unter den Vätern mussten diese Probe jemals ablegen, darum zählt ihr Schreiben nicht. Dein Schreiben aber wird überall sein, in allen Vorfallenheiten, Verhältnissen, Windelwechslungen, Geschäften, Händeln, im Anlegen des Kindes, im stundenlangen Stillen, im Auf-der-Schulter-Tragen, im Leiden und in den Freuden deines Erdewallens, Dichterin zu sein; immer denken, fühlen, reden, handeln, wie nur eine Dichterin denkt, fühlt, spricht und handelt: und, wenn du auch zehn Jahre hintereinander keinen einzigen Vers gemacht hättest wegen des Kindes, so wird doch alles, was du in diesen zehn Jahren gesehen, gehört, versucht, getan und gelitten hast, entweder Poesie gewesen oder zu Poesie geworden sein. Am Ende werden dieser (dem Anschein nach) für die Musen verlorenen Periode deines Lebens mehr Keime und Embryonen von Gedichten aller Art in deiner Seele liegen, als du, wenn du auch Bodmers oder Nestors Jahre erreichtest, nicht auszubrüten Zeit haben würdest. Lass also das Licht am Schreibtisch an, bis du selbst daran zurückkehren wirst, mag es auch Wochen, Monate oder Jahre dauern.

Es zählt nicht, dass du vom Schreibtisch immer und immer wieder aufstehen wirst müssen. Es zählt, dass du daran zurückkehrst. Was ist im Vergleich dazu schon ein Schreiben ohne Aufstehen-Müssen?

Schreibe nie, gerade nach der Geburt, für das weibliche Geschlecht. Du bist alle Geschlechter.

Fragt man dich nach Frauenliteratur, schweige. Fragt man dich nach feministischer Literatur, schweige. Fragt man dich nach einer Literatur der Mütter, schweige. Überlasse die Antworten den Philosophinnen.

Ebenso gilt: Fragt man dich nach dem anarchistischen Feminismus, schweige. Fragt man dich nach dem pazifistisch-antimilitaristischen, marxistischen oder sozialistischen, schweige. Fragt man dich nach dem existenziellen oder individualistischen; schweige, ja, selbst, wenn man dich nach dem queer-feministischen, spiritualistischen, oder öko- und cyberfeministischen fragt, schweige.

Schweige ebenso, wenn man dich nach einem postkolonialen, transnationalen oder liberalen Feminismus fragt.

Lass dir nicht einreden, dass du zwischen Popp und Mayreder wählen musst. Zwischen Kveder und Slapšak. Zwischen Cixous und Beauvoir. Zwischen Lorde und Haraway. Zwischen Haushofer und Bachmann. Und all den anderen. Setze nie ein »oder« zwischen zwei deiner Vorkämpferinnen und Vordenkerinnen. Du musst nicht für sie Partei nehmen. Sie haben schon für dich Partei genommen. Bedenke, dass du nur schreiben kannst, weil sie schrieben.

Auch du bist alles und nichts davon: Schwarze, Lesbe, Feministin, Mutter, Dichterin, Kriegerin. Lasse dies gelten! Am meisten aber lasse dein Werk gelten. Setze nie ein »Oder« zwischen dein Ich vor und jenes nach der Niederkunft. Setze auch nie ein »Oder« zwischen Mütter und Nicht-Mütter. Wir sind Vor- und Rückseite des gleichen unbeschriebenen Blattes.

Schreibe keine Ratgeber über das Stillen. Schreibe keine Reportagen über Mutterschaft. Du bist keine Erfolgsautorin und keine Reporterin.

Es wird der Generation, die kommen wird, wenig wert sein zu schreiben wie ein Mann: ohne Kind am Arm, ohne Milchstau, ohne ständig unterbrochen zu werden. Was bedeutet das schon?

Vertraue nicht auf deine weibliche Intuition, schon gar nicht in Schreibfragen. Vertraue auch nicht auf die weibliche Intuition anderer. Sie ist eine falsche Freundin.

Es wird eine Generation kommen, die sich über die altbekannte Geschlechtsindustrie hinwegsetzen und ihr eigenes Geschlecht kreieren wird. Sie wird nicht mehr neidvoll schielen auf das männliche Geschlecht, das in die Tastatur *ununterbrochen* einschlägt (denke an Bachmann, denke an Frisch). Diese Generation wird nicht auf die Sprache und Würdigung des männlichen Geschlechts warten, das den Frauen in allen vergangenen Jahrhunderten verkündet hatte, sie schrieben wertlos und klein. Du wirst Freundinnen haben, die

Mütter und Väter sind, biologisch, sozial und anarchisch, und auch solche, die es nicht sind. Es wird keinen Unterschied machen. Ihr werdet gleich sein.

Diese Generation wird sich nicht selbst in Frage stellen und winden dabei.

Es wird eine Generation sein, die eine ständig durchkreuzte Literatur schaffen wird, eine von den »Anderen« durchwobene, für die sie Verantwortung tragen muss und tragen will.

Darum, noch einen Rat, vielleicht wichtiger als alle bisherigen: Vergiss nie, wenn du einhändig und mit Blick auf das Kind schreibst, welches den Mund bereits verzieht zum Schrei, dass dieser Blick des Kindes nicht vorwurfsvoll ist, sondern aufwiegelnd.

Die Linie der Vererbung, der Reproduktion, der Kanonisierung, wird eine rückwärtige sein: Es werden die Jungen den Alten die Tradition einschreiben: »Mutter, schreib!«, dies wird jeder Blick des Kleinkinds suggerieren. Der Blick wird stumm sein, aber vieldeutig. Er wird meinen: »Wage es nicht, mich als Ausrede zu benutzen!« Er wird meinen: »Wage es nicht, mir keinen Kontinent zu erschaffen, auf dem nicht auch ich tun darf, was ich will (obwohl ich reproduziere).«

Schlage dich nicht herum mit der Lektüre der Zeitung in der vor Jahrzehnten ein alter Literaturkritiker die

Frage eines Lesers gestellt bekam, nämlich: »Schreiben Männer besser als Frauen?«, die er folgendermaßen beantwortete: »Homer, Sophokles, Euripides, Horaz, Ovid, Vergil, Dante, Petrarca, Molière, Corneille, Racine, Shakespeare, Cervantes, Calderón, Voltaire, Goethe, Schiller, Balzac, Stendhal, Flaubert, Puschkin, Dostojewskij, Tolstoi, Proust, Brecht. Sie alle waren Männer. Genügt die Antwort?«

Wette darauf, dass es bald keine solchen Geistlosigkeiten mehr zu lesen geben wird. Wette darauf, dass bald nicht mehr das Resultat von Unterdrückung als Argument gegen die Unterdrückten gewendet werden wird.

Erhalte deine Inspiration nicht nur aus der Ablehnung heraus, sondern auch aus der Ablenkung und Störung. Eine der produktivsten Störungen ist die durch das Weinen eines Kleinkinds.

Schreibe eine Literatur ohne Ausrede, eine Literatur der Zugewandtheit und voller Geständnisse.

Erfahrung ist Gefühl, Gefühl aber ist Verwandtschaft, gewählte und nicht gewählte. Verweigere dich dem Wunsch auch schreibend nicht, Mutter zu sein ohne Vorbehalt, tatsächlich oder vorsätzlich.

Säe weiterhin die allergrößten Zweifel an den herrschenden Ideologien, vor allem jenen der Reproduktion und Kanonisierung. Verschmutze deine Sprache nicht mit der Zunge der männlichen Macht. Die Quelle deiner Macht ist das Chaos der biologisch und sozial *muttergewordenen* Welt.

Glaube fest daran, dass du mächtiger schreiben kannst als die Frauenfeinde, aber miss dich nicht mit ihnen.

Erlaube dir keine Empfindungsaskese als *muttergewordene* Schriftstellerin. Die Empfindungen, die dich unleidig machen, die Verzweiflung, die Wut, der Zeitneid, die Angst vor dem Verschwinden deiner Worte, werden später vergessen sein. Die Empfindungen, die dich bedeuten können, diese lass zu. Darunter zuallererst die Zärtlichkeit, die die größte literarische Herausforderung ist.

Wenn du dereinst dein Kind geboren haben wirst und kaum noch Schlaf findest, kein Wort niederschreibst in den ersten Wochen, Monaten, wenn du einerseits an dem leidest, was die Amerikanerin »anger issues« nennt, und andererseits an dem, was sie als »cuteness-attack« bezeichnet – unsere Sprachverwandten nannten es einen »süßen Wahn« –, dann denke an mich. Vor allem der letztgenannte Begriff ist eine Erfahrung, die dich alles Geschriebene und Gelesene vergessen lassen wird.

Darin liegt also die größte Gefahr: dass nämlich deine dichterische Seele nichts mehr bedürfen wird, als dass solch ein süßer Wahn ewig daure – was dich, wenn du dich von diesen Empfindungen erholt haben wirst, in noch größere Angst versetzen wird, da gerade diese exzessive Süße die Gefahr des Aufgebens deines Schreibens andeutet.

Wenn du angesichts deiner Zärtlichkeit überwältigt sein wirst von deinem Kind, dem du alles opfern willst in solchen Momenten, selbst das Schreiben, dann erinnere meine Worte: Traue deinem Körper nicht, er wird dich verraten. Du bist nicht dein Körper. Dein Werk ist dein Körper.

Dieser Körper braucht Flüssigkeit. Unter allen gesundheitlichen Vorgaben gilt darum nur eine: trinke ausreichend Wasser und Kaffee!

Vertraue keinen Mutterfreuden und Familienidyllen, außer jenen, die du selbst erschaffst. Habe ein reines Gewissen über dein Verhältnis zu den Privilegien, welche dir der Beruf als Schreibende einbringt.

Den Fluch deiner Wahl, *muttergeworden* zu sein, und dennoch zu schreiben, vermische nicht mit deinem Bewusstsein um die Unterdrückung der Klassen.

Glaube nicht an deine Unsterblichkeit, die Geburt wird dich Besseres lehren.

Mehr habe ich dir nicht zu sagen. Nicht jedenfalls auf diesem Wege.

Ich weiß meine Gedanken wohl behütet bei dir, du wirst sie nicht vor der Zeit verraten, auf dass irgendjemand sie in einer Rezension oder angeblichen Kulturkritik gegen mich verwenden kann. Bitte gib sie nicht weiter, behalte sie für dich.

Deine,
E.

PS: Du weißt es, wir haben telefoniert, G. hatte die Grippe, und T., du kennst sie, wollte nicht mehr außer Haus, so haben wir die Tage gemeinsam verbracht. Das Kind schreit immer mit Grund. Du hast zweimal nachgefragt, warum ich dir nicht schreibe. Brüllend hat mich mal das eine, dann das andere Kind an sein Bett gelockt, und immer wieder hat es nach jeder Unterbrechung eine lange Zeit gedauert, bis ich zu unserem Brief zurückkehren konnte. Du siehst aber: Ich habe dir geschrieben.

* Dieser Text enthält Spuren von:

Martin Wielands *Sendschreiben an einen jungen Dichter* (1782 / 84)

Rainer Maria Rilkes *Briefe an einen jungen Dichter* (1929)

Virginia Woolfs *A Letter to a Young Poet* (1932)

Danilo Kiš' *Saveti mladom piscu / Ratschläge an einen jungen Schriftsteller* (1984)

Gertraud Klemm

SIND DAS IHRE?

Die Sorgen kommen unvermutet: an der Supermarktkassa, auf einer Berghütte, auf dem Spielplatz. Wenn sich da beim Weinfest im Heimatort ein 12-jähriger Bub vor mein achtjähriges Kind aufpflanzt und sagt: »Du bist nur ein Neger.« Wenn eine ältere Dame beim Diskonter über meinen Einjährigen sagt: »Süß – aber der wird auch groß!« Wenn eine Tante zum sieben Monate alten, brabbelnden Baby sagt: »Wie heißt du denn? Sprichst du denn schon deutsch?«, und uns dann verzweifelt ansieht.

Aber vielleicht sollte ich von vorne beginnen. Unsere Kinder sind Schwarz oder, wie mein Sohn streng korrigieren würde: braun. Sie wurden mit fünf und elf Monaten aus Südafrika adoptiert. Es sind Adoptiv-Wunschkinder. Wir hätten gerne auch ein leibliches Kind gehabt, aber, und das war eine böse Überraschung, das ging nicht. Die Entscheidung zu einer Auslandsadoption mit einem seriösen Verein kam intuitiv; transparent sollte das Verfahren sein und dem Haager Adoptionsübereinkommen entsprechen. Die Wahl auf das Land fiel als Konsequenz des (Un-)Machbaren.

Die Kinder, die wir bei den ersten Treffen der kleinen Südafrika-Community verzückt beobachteten, wirkten überraschend normal. Sie tobten, heulten, krachten in ihre Windeln und sprachen Wiener-, Tiroler- und Burgenländer Dialekt. Die Eltern erzählten von schlaflosen Nächten und Windelausschlägen, und wäre da nicht die Sache mit den Zöpfchen und der ewigen Suche nach Hautärzten mit Afrika-Erfahrung gewesen, es wären stinklangweilige Eltern-Kind-Treffen gewesen.

Ich las Bücher und litt unter ihnen. Adoption, las ich, sei ein unberechenbares Wagnis, und die Trennung von der leiblichen Mutter eine nicht wiedergutzumachende Verletzung, egal, wie gut es die Adoptiveltern machen. Dann kamen erste Einsprüche aus dem Umfeld, die den braunen Kindern im rassistischen Österreich eine dunkle Zukunft prognostizierten. Nicht zuletzt: die genetische Verdächtigkeit. Dass ihr euch das traut! Da weiß man ja nicht, was man kriegt: Verbrecher, Erbkrankheiten, Psychos! Das »Prinzip der guten Hoffnung«, lernten wir, gilt nur für das leibliche Kind.

Schon damals wollte ich sagen: Aber ihr wisst es doch genauso wenig! Die große Skepsis vor dem Unbekannten spießt sich hier mit der großen Illusion über die Herrlichkeit der eigenen Gene. Die genetische Rekombination ist eine gigantische Lotterie, und Mutter Natur hat manchmal einen schrägen Humor! Nicht alles, was ihr vererbt, ist super: Was ist mit der schweren Hüftfehlstellung, den Allergien, der Neurodermitis, den vielen Krebserkrankungen in der Familie? Dass Leiblichkeit keine Qualitätsgarantie ist, schien im Prinzip der guten Hoffnung unterzugehen.

Wir hätten natürlich auch liebend gerne gesehen, wie sich unsere Gene zusammenstreiten – blaue Augen gegen braune, Kleinfüßigkeit gegen Großfüßigkeit, Fußball gegen Klavier.

Ach, wir hätten uns die vielen Kränkungen in dem ganzen Prozess gerne erspart. Dass »es einschlagen« würde, wenn wir uns nur entspannten. Dass »es einschlagen« würde, wenn das Adoptivkind dann da wäre. Dass es schade wäre, wenn ich das Wunder des Lebens versäumen würde. Vielleicht »sollte es nicht sein«? Haltet doch das Maul, wollte ich ihnen entgegenschleudern. Die Verletzungen und den Hass auf den eigenen Körper, der einem das Kinderkriegen unterschlägt, hätte ich entbehren können. Das emotionale Gefälle, das entsteht, wenn Mutter Natur so eindeutig unfähige Menschen mit eindeutig ungewollten Kindern segnet, ist hoch. Was einschlug, waren Missgunst, Neid und die Gewissheit, von Mutter Natur, diesem Trampel, ungerecht behandelt zu werden.

Wäre nicht der Kinderwunsch so stark und Gespräche mit Adoptiveltern und Adoptierten so positiv gewesen, wir hätten uns abschrecken lassen. Aber wir machten weiter.

Die meisten leiblichen Eltern gehen nun zum Verkehr über; Adoptivwerber treten in die Phase der Inquisition. In aller Kürze: Blut, Harn, Besitz, Einkünfte, Wohnverhältnisse. Präsentation der Psyche:

die eigene Kindheit, Fehlgeburten, Nervenzusammenbrüche, Ehekrisen. Wir lernten, unsere Narben herzuzeigen. Ich fand die Inquisition erst beim zweiten Kind schlimm. Die Behörde, die einen prophylaktisch wie einen Schwerverbrecher behandelt hat, hat sich – nach erfolgter Adoption – nicht für das Kind interessiert; erst beim Ansuchen um ein Geschwisterkind (der Verein kontrolliert sehr wohl; er schickt Reports an die Behörde des Herkunftslandes). So oder so – man muss den Kinder-Führerschein ein zweites Mal machen, auch wenn man das erste Kind nicht gegen die Wand gefahren hat.

Die doppelte Kontrolle bestätigte meinen Verdacht: nicht nur zum Kindeswohl wird kontrolliert, sondern weil es möglich ist. Was passiert mit den ungeliebten, ungewollten leiblichen Kindern? Was ist mit sexueller Gewalt, mit Vernachlässigung, mit Lieblosigkeit im Rahmen der Leiblichkeit? Welches Amt beschützt die Kinder vor ihren leiblichen Eltern? Dass die Behörden da immer wieder versagen, erfahren wir laufend aus den Medien, und die Dunkelziffer lässt uns ahnen, wie es um die »mitgeborene« Kompetenz der biologischen Elternschaft steht. Auf unserem Heimweg von einem dreitägigen, verpflichtenden Kurs über »Geschwisteradoption« hörten wir vom Fall Fritzl, der ja mit seinen »Enkeln« verwandt war und wohl deswegen nicht so genau überprüft wurde. Die gefälschten Briefe von der Tochter mussten reichen.

Als die Papiere in Afrika waren, begann die quälende Wartezeit (ein Jahr beim ersten, vier Jahre beim zweiten Kind). Gleich nachdem das erste Kind da war, ging es los: Gott, ist der süß. Darf ich ihn angreifen? Woher ist der? Und die »richtige« Mutter? Wollen Sie das den Kindern wirklich antun, in einem rassistischen Land wie Österreich? Mit der Zeit verlor sich die Sensation, denn unsere Familie ist enttäuschend normal: Fußball, Schule, Schiurlaub, Sommer am Meer. Die Kinder und ihr Umfeld haben sich erstaunlich schnell angepasst. Fast hat man den Eindruck, die Umgebung freute sich über das bunte Andere, über die gelungene Integration, über die kleinen »Alabas«. Und wenn am Weinfest die Gleichaltrigen ihre schönste Speckgürtel-Volksschul-Fäkalsprache auspacken, um unseren Sohn gegen den blöden Rassisten zu verteidigen, hat das etwas Rührendes.

Dass unsere Kinder sich so gut entwickeln, sei ein großes Glück, hören wir oft. Kann es ohne Glück gesunde, fröhliche Kinder geben? Leibliche Eltern betrachten ihre Kinder gerne als Bestätigung, alles richtig gemacht zu haben. Wir Adoptiveltern erwarten von unseren Kindern nicht, dass sie kleine Abziehbilder von uns werden. Das ist vielleicht der größte Unterschied: sich in einem Adoptivkind zu erkennen, macht überglücklich, weil es unerwartet ist. Unser Weg ist immer ein beschwerlicher, und man bleibt wachsam. Und vielleicht hat man ja auch einmal etwas richtig gemacht.

Schwanger gewesen zu sein, geboren und gestillt zu haben, hätte mir bestimmt geholfen, die Welt besser zu begreifen und mit dem weiblichen Körper versöhnlicher zu sein. Mütterliche Hormone hätten vielleicht Linderung verschafft. Aber würden wir leibliche Kinder mehr lieben? Adoptiveltern, die auch leibliche Kinder haben, schwören, dass es keinen Unterschied in der Intensität der Liebe gibt.

Wie fühlen die biologischen Mütter meiner Söhne? Manchmal reden wir über Afrika, mein Sohn und ich. Es sind seltsame Gespräche über ihre leiblichen Mütter, die für mich so mystisch sind und für meine Söhne eher lästig. Möchtest du über deine afrikanische Mutter reden? Soll ich dir etwas erzählen? Was wissen wir überhaupt über sie? Warum gibt es Rassismus? Es sind biografische Dehnungsübungen gegen die Unsicherheiten, die schon da sind und die vielleicht noch kommen werden. Es gibt die Expertenmeinung, dass Kinder besser in einem Heim im Herkunftsland aufgehoben wären. Sie wären kulturell entwurzelt, blieben ewig heimatlos und würden sich hier nicht zurechtfinden. Wenn meine Kinder nachts ins Bett kommen, wenn sie weinen und fiebrig auf mir kleben, wenn sie Schulprobleme haben oder die Zahnspange drückt, dann weiß ich, dass das Unfug ist. Ich weiß es, weil ich ihre Mutter bin, und weil sie es verdient haben, mit allen Kräften geliebt zu werden.

Die Sorgen werden bleiben: Pubertät, Identitätskrisen, Diskriminierung in der Ausbildung, am Arbeitsplatz, Gewaltbereitschaft der Neonazis. Wir werden weiter unser Bestes tun. Aber im Endeffekt müssen wir – wie alle Eltern – loslassen und positiv denken. Negativ denken ist bei uns sowieso verpönt, denn da sind unsere Kinder streng. »Mama, sag das nicht, in dem Wort kommt Neger vor!«

Andrea Grill

BIST DU BEREIT, EIN HELD ZU SEIN?

Alles stand auf einer Oberfläche wie erstarrte Lava. Im Hintergrund die Zinnen einer beflaggten Burg. Eine grünlich-blaue Landschaft. Ein Himmel mit Schönwetterwolken. Vorne, zum Greifen nah:

1. Ein Vollvisier, nur Augen und Haaransatz zu erahnen.
2. Blitze schießen über die unter dem schwarzglänzenden Helm verborgene Stirn.
3. Graurote Zacken markieren eine mögliche Verzerrung des Mundes darunter.
4. Eine Waffe mit Drachenkopf und Zähnen, etwas wie ein Beil.
5. In der anderen Hand ein kleines stumpfes Messer, gewiss scharf geschliffen.
6. Ein Schwert im Gürtel.
7. Metallstiefel.
8. Ein roter Umhang mit bespitztem Kragen.
9. An den Schultern Scharniere.

10. Daneben ein Ständer mit zusätzlichen Waffen, zwei langstielige Beile, ein Schild mit dem Umriss eines Wesens wie ein Hybrid zwischen Adler und Giftschlange.

Es war Liebe auf den ersten Blick.

»Du kannst ihn nicht haben«, sagte die Frau hinter der Kassa, öffnete und schloss die geldgefüllte Lade mit abrupten Bewegungen, als gehorche sie einer unsichtbaren Macht, die ihre Muskeln kontrollierte. »Geh nach Hause«, fügte sie hinzu, »geh jetzt.« Sie stieß ihr Kinn mehrmals ruckartig in seine Richtung, während ihre Arme weiter Waren über ihr Scangerät zogen, bliep bliep, weiter kassierten, Lade auf, Lade zu. Wie ein Beil dieses Kinn, dachte das Kind, nickte seiner Mutter unentschlossen zu, verzog sich dann.

Sie wohnten in derselben Straße, zwei Häuser weiter. Der Junge rannte vier Stockwerke hinauf; allein durfte er den Aufzug nicht benutzen und hielt sich daran, wenn er unbeobachtet war. Er sperrte auf, schlüpfte hinein, warf Schuhe und Jacke von sich, schaltete den Flachbildschirm ein.

Das Spezialset SEK-Zentrale enthält eine komplette Polizeistation mit Hubschrauberlandeplatz und Motorradgarage, Hubschrauber, Motorrad, Quad, verschiedene Waffen und SEK-Zubehör, Waffentresor, Nagelband und vier Figuren. Alle Figuren und Teile können im praktischen Mitnehmkoffer verstaut und am Tragegriff mühelos transportiert werden. Während des Fernsehens sprang er Trampolin auf der Couch. Hoch und höher, hinüber auf den Fauteuil, herüber. Hoch.

Dieses Spielset gibt's auch im Bundle zum günstigen Sparpreis. Clever kombinieren und sparen!

Meine Möglichkeiten liegen im Spielraum der Schmeichelei, nahm der Junge sich vor.

In Gedanken hält er eine Waffe mit Drachenzähnen zwischen Zeigefinger und Daumen, befühlt die spitzen Zacken, sieht sich in Ritterrüstung und Helm über die lavaähnliche Oberfläche eines von ihm entdeckten Planeten laufen. Dass sich dort auch durchaus irdische Burgen und Polizeistationen befinden, erstaunt ihn nicht. Das Verlangen kribbelte hinter seiner Stirn, zuckte in seinen Gliedmaßen.

Warum er nicht im Hort sei, hatte die Lehrerin ihn auf der Gasse gefragt. Unter all den Leuten hatte sie ihn erkannt. »Ich bin Alleingeher, meine Mutter hat das unterschrieben.« Mit fester Stimme hatte er gesprochen. Bei Notfällen dürfe er alleine nach Hause gehen. Ein Notfall war das.

Er musste diesen Ritter haben, bevor er aus dem Sortiment verschwand und alle ihn hatten außer ihm, obwohl seine Mutter doch an der Quelle saß. Das hatte er die Mutter eines Schulkollegen zu einer anderen Mutter sagen gehört. An-der-Quelle. So sah Mama nie aus, wenn er sie im Supermarkt besuchte. Wie sah es eigentlich aus an einer Quelle? War er schon an einer gewesen? »Nicht dass ich wüsste«, im Selbstgespräch ahmte er einen Ausdruck seiner Mutter nach. Er würde ihr Komplimente machen, einen Salat richten, dann müsste sie nachgeben. Seine Sehnsucht nach dem Ritter mit dem Visier vor dem Gesicht wuchs. Ohne ihn würde es ihm schwerfallen einzuschlafen heute Nacht. Womöglich könnte er vor Geschäftsschluss noch schnell hineinflitzen, sobald sie Ja gesagt hatte, mit einem Geldschein in der Hand, und diesen eintauschen gegen das blaue Päckchen, diese kleine Schachtel aus Karton, in der das Glück in zehn Einzelteilen steckte. Am selben Abend noch würde er sie zusammensetzen zu einem unwiderstehlichen Ganzen; und am nächsten Morgen in der Schule flüsternd während der ersten Stunde dem Freund neben ihm berichten, was er neu bekommen hatte.

Der Freund nämlich hatte den Ritter noch nicht, das wusste er, und das wäre die Chance, einmal etwas vor ihm zu besitzen. *Ein durchtriebener Ganove hat gerade die Bank ausgeraubt und befindet sich mit den Goldbarren auf der Flucht. Doch die Polizisten sind dem Räuber bereits auf den Fersen und verfolgen sein Quad mit Motorrad und Helikopter. »Ich habe den Flüchtigen im Visier!«, schallt es über den Polizeifunk aus dem Cockpit. Schnell kommt seine Kollegin auf dem Motorrad von der anderen Seite angefahren und legt das Nagelband auf die Straße. Damit hat der Schurke nicht gerechnet und fährt geradewegs in die Falle.*

Den Polizisten musste er auch haben, den mit dem grünen Anzug, Streifen an Ellbogen und Knien, der großen schweren Lampe und der Pistole im Gürtel, dem langen Gewehr und diesem Seil über der Schulter. Was er damit wohl tat? Bestimmt jemanden fesseln.

Der Beamte hat für diese knifflige Aufgabe einen Spezialanzug mit Helm angelegt.

Der Junge lief in sein Zimmer, das klein war, aber gemütlich, wie die Mutter immer betonte, wenn sie Besuch bekamen, seine Höhle. Er schaute in die Laden unter seinem Bett aus blau lackiertem Holz, geerbt von einem Cousin war dieses Bett, er hatte es nie besonders gemocht, schlief auch meistens bei der Mutter im Doppelbett, wo seit geraumer Zeit eine Seite verwaist bliebt, wenn der Junge sie nicht füllte.

Er kramte in den Regalen, fand das Gewünschte schließlich ganz unten im Kleiderkasten: den Wikingerhelm. Mit dem Helm auf dem Kopf rennt er zurück ins Wohnzimmer, konfrontiert den Zeichentrickmann auf dem Bildschirm mit seinem neuen Aussehen. *Bist du bereit, ein Held zu sein?*, fragt sein Gegenüber und tatsächlich, er ist es, der Polizist ganz in grün, gestreifte Ellbogen- und Knieschützer, das lange Gewehr hat er an einem Gurt umgehängt. Denn er rennt. »Ja! Ja!«, schreit der Junge. »Ich bin bereit.« Die Uniform des Polizisten glänzt verführerisch. Die Lampe in seiner Hand leuchtet direkt in die Augen des Kindes. Ein kaum wahrnehmbares Deuten mit dem Scheinwerfer gibt ihm zu verstehen, was zu tun ist.

Er springt auf das Fensterbrett, tanzt da herum. Es ist ausreichend breit für seine schmalen Füße, Größe 33, europäisch. Dumpf hört er durch die Scheiben den Verkehr. Weit unten. Er lehnt die Stirn an das Glas, während er die Füße zappeln lässt; die Sonne scheint ihm ins Gesicht, plötzlich muss er niesen, schießt einen Fächer von Tröpfchen auf die Scheibe. Das Fenster ist trüb, im Licht glänzen Reste von starken Regengüssen fast golden, außen klebt Blütenstaub, innen kann der Junge mit seinen Fingerkuppen feines graues Material aufsammeln, er wischt es an der Hose ab. Über die enthaltenen Transparentfolien können Fingerabdrücke erfasst und so die Verbrecher identifiziert werden.

Seine Füße halten inne, das Gold da draußen sammeln, in einem Becher reinwaschen. Ja, dann könnte er es bestimmt eintauschen gegen die zwei Figuren inklusive Zubehör, er würde es Mama geben, sie wüsste, wie das anstellen, wäre erleichtert, endlich genug Gold und Geld, wäre froh, dass er ihr zeigte, wo sie das bei Bedarf bekommen könnte, es lag offen da, aber alle hatten es übersehen. Weil sie nicht so gut schauten wie er. *Durch einen Mauerdurchbruch können geschnappte Verbrecher aus den beiden Zellen entkommen.*

Die Sonne ermutigte ihn. »Komm!« Wohlige Wärme breitete sich in ihm aus, er hatte ein wenig gefroren, merkte er jetzt. »Ich komm ja schon«, lachte der Junge, stand ganz still, breitete die Arme aus wie ein Segelflieger. Tief unten sah er die geflochtenen Strohdächer des Schanigartens des chinesischen Restaurants, Zitronenbäume in großen Töpfen, er sah Peugeots, Audis, Hondas, VWs und einen Kastenwagen mit beidseitig aufgedruckten Zeichnungen von Riesensemmeln, wie hechelnde Lebewesen warteten sie vor der roten Ampel, er sah den weißen Mittelstreifen auf dem Asphalt. *Geschnappten Verbrechern kann die ansteckbare Sträflingskleidung angezogen werden.*

Die Klinke, mit der das Fenster zu öffnen war, beide Flügel auf einmal, befand sich etwas unterhalb seiner

Hüfte, er könnte sie fassen, drehen, sich hinausbeugen und das Gold ernten. Den Verkehr hörte er nicht mehr, auch die Stimme aus den Lautsprechern des Flachbildschirms, die einen anderen Akzent hatte als seine Mutter und die Leute in der Schule, verstummte.

Ein Luftstoß fuhr unter sein T-Shirt, blähte den dünnen Stoff. »Ha, ich bin dick!«, rief der Junge vergnügt, er war frei und der Himmel über ihm unversehens blitzblau, die Luft unter ihm ein Poster. Leider suchte er jetzt bei geöffnetem Fenster vergebens das Gold an der Außenseite der Scheiben. War das ein Zauber?

Um es genauer zu untersuchen, trat er hinaus auf das Fensterbrett, es war aus Blech und glühend heiß. Ich tanze in einer Pfanne wie ein Spiegelei!

Der Junge vergaß den Auftrag des Goldschürfers, hob beide Füße gleichzeitig an – – Fiel und landete auf der Frau, die ihm an der Kassa das Sonderspielset nicht gegeben hatte. Der Wikingerhelm verschwand ins Leere, kein Aufschlag zu hören.

»Mama!« Sie heulte wortlos. »Du verdammter Idiot!« Somit sei seine Geburtstagsparty gestrichen. Er weinte jetzt laut, mit erstickenden Schluchzern, sie drückten sich aneinander, umschlangen sich, als befänden sie sich auf einem Floss, von dem es gelte nicht hinunterzufallen; sie saßen am Boden, altes abgetretenes Parkett, zerkratzt, mit Sprüngen und großen Fugen zwischen den Planken, in denen sich Schmutz sammelte.

Einige Minuten saßen sie so.

Dann sagte der Junge, »Weißt du, der Ritter ... ich wollte Gold ... dafür, weißt du, von dort«, er zeigte auf die staubverkrusteten Scheiben. Fassungslos schüttelte die Mutter den Kopf. »Ich weiß, dass ich putzen sollte. Von Rittern will ich nichts wissen.« – »Aber nein, mit Sauberkeit hat das nichts zu tun, Mama«, er gestikulierte, erinnerte sich an seinen Plan mit der Schmeichelei, der ausgeführt werden wollte.

Sie goss ihm ein Glas Himbeersaft ein. Er trank ein Drittel, sie trank den Rest. »Jetzt mache ich uns etwas zu essen«, sie kündigte das an wie eine lebensrettende Maßnahme. Ihr Blick irrte durchs Zimmer, fand das Gesuchte, ihre Hand hielt die Fernbedienung in Richtung Flachbildschirm, schaltete das Gerät aus. Wie ein Laserschwert, dachte der Junge, ging in sein kleines Zimmer, drehte das Schild an der Tür um, BLEIB DRAUSSEN, stand da jetzt. Drei Figuren waren darauf zu sehen, eine mit funkelnd weißen Stirnfransen, schwarzer Augenmaske, eine mit in Pfeilen nach oben zulaufenden dunklen Haaren, grünen Augen hinter einer runden Brille, grünen Fingern, die dritte in dunkelblau-türkisem Ganzkörperanzug, mit türkis umrandeten Kulleraugen, sie schien die aufgebrachteste zu sein, stark verärgert.

Der Junge legte sich auf sein Bett, griff nach einem zerfledderten Donald-Duck-Heft, blätterte darin. Gleich sprang er wieder auf, trippelte zur Mutter, die am Herd stand. »Spaghetti?« »Mit Tomatensauce, bitte, bitte!« »Okay, obwohl du dir das nicht verdient hast. Eigentlich sollte ich dich ohne Essen ins

Bett schicken.« Ihre Hände, dachte der Junge, wie unabhängig voneinander funktionierende Roboterwerkzeuge. In einer hielt sie einen Löffel, mit der anderen führte sie ein zweites Glas Himbeersaft zum Mund. »Bin den ganzen Nachmittag nicht zum Trinken gekommen«, als müsste sie sich vor ihm rechtfertigen.

Er hätte ihr eigentlich helfen wollen. Einen Salat für sie richten, wie sie ihn mochte, mit Erbsen und diesem bitteren Kraut darauf. »Ich hätte dich verwöhnen wollen, Mama«, er konnte gut schmeicheln, beide wussten das.

»Weil du was von mir wolltest? Sag schon. Wozu wolltest du mich erpressen?«

»Du weißt schon.«

»Ich bin acht Stunden lang hinter der Kassa gesessen, ich weiß gar nichts.«

»Der Ritter! Und der Polizist mit dem grünen ...«

»Die kannst du dir aus dem Kopf schlagen, die sind nicht für uns.«

Das Problem war, sie kaufte im falschen Supermarkt ein, nämlich nicht in dem, in dem sie arbeitete, der war ihr zu teuer; sie erledigte ihre Einkäufe bei einer anderen Firma, die Filiale lag um die Ecke, kaum hundertfünfzig Meter entfernt, auch heute war sie dort gewesen, die zwei Papiertaschen standen noch unausgepackt im Vorraum. Ausnahmsweise hatte sie den Einkauf nicht direkt aufgeräumt, wie oft, wenn sie nach Hause kam und der Junge sich nicht zeigte, irgendwo in der Wohnung verkrochen hatte.

»Mit meinem Gehalt kann ich es mir nicht leisten, bei der Firma einzukaufen, für die ich arbeite. Ist halt so.« Zu oft hatte der Junge das schon gehört, wenn etwas im Sortiment ihn anlachte. Das Wort »Punktum«, das sie manchmal hinterherschickte wie einen Fausthieb, ergänzte sein Kopf automatisch. Er wollte aber keinen Punkt machen! Er sah das nicht ein. Die Eltern seiner Freunde kauften dort ein, wo seine Mutter arbeitete, sammelten Bonuspunkte für Spielzeug, das es dann ab einem gewissen Sammelwert gratis gab. Das beste Spielzeug – seine Mutter ließ tagtäglich eine Packung nach der anderen über ihr Förderband gleiten, kassierte null Euro dafür – und er, der Sohn der Kassiererin, der in den Hort ging (oder auch nicht), damit sie stundenlang Rechnungen ausdrucken konnte, Guten Tag, danke, Auf Wiedersehen, Haben Sie eine Bonuskarte?, er hatte keine Bonuskarte und nicht einen einzigen Bonuspunkt.

So war das nämlich mit dem Ritter und dem Polizisten, nur auf Bonus erhältlich. Es handelte sich dabei um Spezialanfertigungen für die Firma, der Ritter stand nicht zum Verkauf, war auch nirgendwo anders erhältlich, der Ritter stand allein denen zur Verfügung, die 10 000 Bonuspunkte gespart hatten. Sie erklärte es ihm geduldig, versprach etwas anderes, etwas aus dem Supermarkt, in dem sie einkaufte. Auch dort gab es. Nein, von dort wollte er nichts. »Schau, du musst für fünfhundert Euro eingekauft haben, um genug Punkte zu kriegen für diesen Ritter. So viel kann ich im Monat nicht ausgeben für Essen.« Für denselben Betrag kaufe sie doppelt so viel bei der

Konkurrenz, sagte sie, während sie in der Sauce rührte und ihn bat, etwas zurückzutreten, aufzupassen, damit ihm kein heißes Fett ins Gesicht spritzte. »Dein schönes Gesicht«, murmelte sie, mehr zu sich selber. Er hörte es sowieso nicht, er war schon draußen, nahm die Schuhe, die sie ordentlich ins Regal gestellt hatte, schlich ins Stiegenhaus, zog sie dort an, nachdem er leise und für sie am zischenden Herd unhörbar, die Tür zugemacht hatte. Das Geräusch der Klettverschlüsse gefiel ihm. Es müsste sich ausgehen, Mutter hatte keinen Schlussdienst gehabt. Der Junge hatte extra einen Pullover angezogen, zwei Größen zu weit, ein Geschenk seines Vaters, der nie wusste, wie groß er gerade war. Ja, er hatte den Pulli extra aus der Lade geholt.

Sie vermutete ihn in seinem Zimmer – in Heften blätternd, Lesen übend –, als sie auf die Couch sank. Kurz nur, bevor das Essen so weit war, ihre Beine waagrecht ausstrecken, wieder anwinkeln, die Socken abstreifen, von den billigen Acrylpolstern eine Massage der verspannten Schultern erhoffen. *Mit dem Novelmore Ritter ist Unterstützung für eine wachsende Armee gewiss.*

Ohne nachzudenken hatte sie den Fernseher aufgedreht. Spielzeugkanal, sie lächelte in dem Wissen, etwas zu sehen, das er mochte. *Empfohlen ab 4 Jahren.* Dafür war er also längst zu groß, das könnte vielleicht ein Argument sein, musste sie sich merken, ihn beim Abendessen darauf hinweisen, die Ritter waren für jüngere Kinder. Sie würde ihm versprechen, Anfang des nächsten Monats, wenn sie wieder ihre Gehaltszahlung bekam, etwas Schönes zu kaufen, etwas aus einem richtigen Spielzeuggeschäft, etwas für seine Altersgruppe. *Die Ritter hatten viel Zeit für das tägliche Training, doch es gab auch kriegerische Auseinandersetzungen, in denen sie sich beweisen mussten.* Sie schaltete wieder aus. Beim Essen wollte sie nicht fernsehen, daran lag ihr. Ruhe für das Kind, damit er dann rasch ins Bett käme. Er musste müde sein; sie war es auch.

Als auf ihre Rufe keine Reaktion kam und das Klopfen an seine Zimmertür unbeantwortet blieb, steckte sie den Kopf hinein, aber da war niemand. Zuerst vermutete sie noch, aha am Klo. Aber es war leer wie das Bad und der vollgeräumte Abstellraum. Wo war das Kind?

Sie bemühte sich, nicht panisch zu werden, sagte sich, die Fenster sind zu, glaubte an einen Scherz oder redete sich das ein, bückte sich unter die Betten, riss Vorhänge zur Seite. Er war nicht da. Den Herd ausschalten, sogar daran dachte sie. Dann rannte sie hinaus und hinunter, weil sie Sirenen hörte. Blaulicht flackerte durch die mattierte Verglasung des Eingangstors.

Sie stürzte hinaus.

Es war nur die Polizei, kein Rettungswagen. Drei Männer sprangen aus dem Auto, rannten auf das Geschäft zu, ihren Arbeitsplatz; sie hinter ihnen her. Die automatischen Schiebetüren standen offen, und bei der Kassa stand der Geschäftsführer mit hochrotem Kopf, sein Blutdruck musste schwindelerregende Höhen erreichen. War denn ein Besuch in der Filiale angesagt gewesen? Der Geschäftsführer war Formsache und kam höchstens einmal im Monat und immer auf Ankündigung, der Filialleiter machte alles in Eigenregie. Vorher hatte sie ihn nicht gesehen. Vielleicht auch nicht verwunderlich, mit ihr sprach er nie. Sie hatte keinen Status, war schlicht eine Hilfsarbeiterin, hatte nie etwas Richtiges gelernt, aber rasend schnell kassieren konnte sie, dafür hatte sie schon ab und zu Lob geerntet und einmal sogar eine Prämie. Seit zwei Jahren arbeitete sie in dieser Filiale, auch davor war sie bei derselben Supermarktkette, nur an einem anderen Standort; bei Schuleintritt des Jungen hatte sie um Versetzung gebeten, sie wollte in seiner Nähe sein, auch wenn sie arbeiten musste.

Die Polizisten stürmten den Supermarkt, als warte da ein gefährlicher Krimineller; einer hatte sogar eine Hand auf der Pistole an der Hüfte, sie sah es ganz genau und es jagte ihr Gänsehaut über den Rücken. Der, auf den sie aus waren, wurde vom Filialleiter am Schlafittchen gehalten, im wahrsten Sinn des Wortes: Er hielt ihren Sohn am Kragen seines Pullovers fest.

Das Kind presste zwei der Spezialpackungen an die Brust. Den Ritter. Den Polizisten. Sie erkannte sie sofort, hatte sie oft genug hergegeben in den letzten Tagen, an strahlende, an gelangweilte Kinder, an Kinder, die die Schachteln aufrissen, bevor der Kassabon fertig war, Kleinteile flogen heraus, unauffindbar, bevor sie überhaupt jemand wahrgenommen hatte.

Die Bonusgeschenke waren genau abgezählt, jede Packung musste ausgebucht werden, die Buchhaltung oblag dem Filialleiter. Keiner bekam etwas extra, kein einziges Exemplar konnte verschenkt werden, auch nicht an die Mitarbeiterinnen. Das hätte die Exklusivität der Aktion untergraben. »Ist schlicht untersagt«, hatte der Filialleiter geantwortet, was hieß: verboten. Natürlich hatte sie gefragt. Jede Mitarbeiterin habe die Chance, Punkte anzusparen wie alle anderen auch. »Auf diese Chance kann ich verzichten«, hatte sie gesagt, zugegeben ein bisschen aufmüpfig.

Der Kopf des Jungen ruckte hin und her, ein großes unstoppbares Nein, seine braunen Augen wirkten dunkel und matt, wie ausgebrannt.

»Der gehört zu mir!« Fest und glatt kam der Satz heraus – eine Zeltplane, eine reißfeste Goretex-Jacke, unter der sie ihr Kind bei jedem Unwetter ins Trockene brachte. Er riss sich los, warf sich ihr in die Arme. Das Zittern in dem mageren Körper übertrug sich auf sie. Sie entwand ihm die zwei Packungen, hielt sie vage in die Höhe. »Bitte.« Es sollte eine Aufforderung sein, sie ihr abzunehmen, sie zurück ins Regal neben der Kassa zu stellen, klang wie ein Seufzer, den sie sofort bereute.

»Die Kündigung holen Sie sich morgen«, das war der Geschäftsführer. Fragend flehend schaute sie den Filialleiter an, waren sie nicht auf eine Art befreundet? War nicht er es, der die Verträge verlängerte? Er drehte sich weg. Als müsste er dringend das Gemüse kontrollieren, eine beschädigte Kohlsprosse aus einer Kiste entfernen.

»Aber ...«, wollte sie ansetzen, das konnte doch nicht sein Ernst sein, schließlich ging es hier um die Spielerei eines kaum schulreifen Kindes, doch er unterbrach sie im selben Atemzug, »seien Sie froh, dass ich Ihnen sonst nichts in Rechnung stelle, das Zeug können Sie mitnehmen, das kann ich keinem mehr geben, in dem Zustand.«

Das Beben in den Schultern des Jungen ebbte ab, sein Rückgrat baute wieder Spannung auf. Als sie hinaus auf die Straße traten, fing er an zu strahlen. Ja, bin bereit, flüsterte er und gab dem in Plastik gehüllten Ritter einen Kuss.

Lydia Mischkulnig

FÜR MUTTER MIT HIRN

Das Gesicht der Riesin leuchtet über den Wogen im Saal. Die Leute sitzen gebannt in den Reihen vor dieser Frau am Pult. Sie beugt das Haupt über Papiere und liest die Rede, an der sie die letzten Tage geschrieben hat. Immer wieder schaut sie über den Brillenrand in den Saal. Sie schüttelt das Haar, die wallend weißen Strähnen, wie eine Schaumgeborene, und blickt Freude strahlend ins Licht, als der Applaus beginnt. Er reißt nicht so schnell ab und es tut ihr gut, ihre Rolle, so unterstützt und geschätzt von einem fachkundigen Publikum, literarisch auszuspielen und zu beenden. Sie ist die Kunst an sich. Sie macht aus allem Schrift, noch aus ihrer eigenen Schrift hat sie ein neues Werk geschaffen. Auch aus mir, den Strömungen des Alltags.

Ich kenne die Fragen zur Höhe der Gagen, zu den offenen Rechnungen und Mahnungen, zur Krankenversicherung und zu ausstehenden Verträgen während der Phasen persönlicher und ganz allgemein wirtschaftlicher Krisen. Die Pandemie peitschte ihr Gemüt so auf, dass sie fast unterging in der Gischt aus Angst zu verarmen. Sie hat auch diese überwunden. Ihr größter Hemmschuh war die Versagensangst vor der Sprache und in der Literatur.

Die Riesin streckt die Hand aus, mal aus Freundschaft, mal aus Interessensgemeinschaft, und manchmal hilflos wie ein kleines Kind, damit jemand sich ihrer annehme, wie jetzt die Laudatorin und Überbringerin des ehrwürdigen Preises der Akademie.

Sie zeichne ihre Romane, sagt die Laudatorin, so klar und konkret, dass man einen Film vor dem inneren Auge ablaufen sehen könne, und doch offenbare sich das Paradies eines literarischen Gartens, in dem der Baum der Erkenntnis nicht nur wachse, sondern auch der Genuss der Früchte keine Vertreibung bedeute. Kurz, ihr Lebenswerk banne jede Schamlosigkeit und die Todesangst. Sie lobt Mutters Sprache natürlich.

Als ich noch klein war, begriff ich nicht, was sie mit dem ZEICHNEN einer Person gemeint hatte. Zeichne mit Zeichen den Papa. Und dann hieß es in einem Strich eine ganze Situation zu UMREISSEN. Ich verschaute mich in das scharfe Doppel-S und es umriss genau das, was ich unter dem Wort Situation verstand. Der scharfe UMRISS an sich, war Mutter selbst. Eine Leere mit Abgrenzung. Aber was fängt ein Kind mit dieser Lage an, begreift es, dass eine Situation immer nur die räumliche umschreibt, in der sich ein ungreifbarer Zustand aufhält. Abspielt. Die ungute Erinnerung an die Schutzstaffel, SS, war mir im Doppel-S des Wortsinnes ein Begriff. An GeschichtsbewuSStsein mangelte es bei uns ja nicht.

Die Laudatorin sagt, die Charaktere der Mutter zeichneten sich gerade durch die Auslassung von Beschreibungen aus. Mutter war durch die Versagensangst ausgezeichnet, mit der sie mich zeichnete, indem sie sie auf mich übertrug.

Ich zählte zum Personenkreis, der mit dem Schicksal ihrer Gabe geschlagen war. Ich spürte, wie wir alle, die einstige Kernfamilie um diesen schreibenden Mittelpunkt, der vor Gereiztheit, die von ihm ausging, explodierte, betrat man auch nur leise und auf Zehenspitzen den heiligen Kreis. Der Zauberzirkel des Schreibens umreißt die Situation für einen Dauerzustand, in dem wir uns befanden, bis die Familie zerbarst. Leicht war das für niemanden, aber besser, das kann man mir nach unseren Trennungen glauben.

Ich versuchte, Mama durch gefälliges Benehmen zu zähmen. Meine Geschwister übten sich in störrischer Verweigerung. Ich beherrschte bald eine Mischung aus Zugeständnis und Zuneigung, Ablehnung und Verachtung zu mixen, um mich mit diesem Gebräu der Dilemmas meiner stets ambivalenten Mutter zu wappnen.

Das Schreiben ging ihr nicht leicht von der Hand, da die Riesin mit ihrer Hand nicht befreundet war, wie ich dachte. Das Zeichnen mit Buchstaben verlangt die Harmonie zwischen Sehen und Denken, um die Zeichnung in Bewegung zu übersetzen. Ich nahm in ihren Stunden der Schreibtischnöte die Hand und streichelte sie, um sie in meine Wirklichkeit zu ziehen. Die Strähnen der mütterlichen Mähne kritzelten ein Gespinst um ihr Gesicht, das der liebliche, pausbackige

Engel auch aufs Papier gebracht hätte, wäre sie erweicht und hätte mich ihre Hand führen lassen. In einem Atemzug holte die Riesin plötzlich aus und schob mich mit einem Gutenachtkuss beiseite. Ins Bett ging ich immer alleine. Mich vergaß sie leicht, weil ich immer wieder kam, und darauf war Verlass. Doch ich konnte ihr Vergessen meinerseits bis in den Schlaf spüren. Dazu hörte man die klimpernde Steifheit einer Tastatur, dann die Salve auf die Hinrichtung der frisch entstandenen Literatur.

Vor vielen Jahren war der Laptop aus einem Hotelzimmer gestohlen worden.

Die Riesin war gegen Diebstahl versichert gewesen, sie musste nur bei der Reiseversicherung die Anzeige abgeben, den entstandenen Schaden melden. Die Versicherung verstrickte sie in ein Spiel der Frage und Antwort, bis sich herausstellte, dass sie den Laptop nicht auf dem Schreibtisch hätte liegen lassen dürfen, sondern in den Safe hätte stopfen müssen. Dieser war für einen Laptop viel zu klein dimensioniert gewesen. Höchstens mein Smartphone hätte hineingepasst. Ich sagte nichts, weil Mutter so zornig wurde, dass sie mit den Fäusten auf die Stirn trommelte und es hätte sein können, dass sie auch mich ohrfeigte.

Sie war jedenfalls schon ganz blau. Ich möchte es so ausdrücken, meine Mutter hätte die Versicherung am liebsten für den indirekten Vorwurf wirklich betrogen, um die Versicherungssumme einzustreifen. Sie ärgerte sich bis auf die Knochen, dabei ging es zunächst nur um die Hardware, die sich irgendwelche Kriminellen aus dem Hotel unter den Nagel gerissen hatten. Vom Gesamtwerk auf der Festplatte meiner Mutter war erst die Rede, als sie das Telefon auflegte und uns vorwarf, dass wir uns für ihre Arbeit nicht interessierten. Sie hatte sehr selten ein Update gemacht. Der Laptop war im Hotel nicht regelgerecht versorgt worden, dieser Sachverhalt war für die Versicherung relevant und das stellte unser Papa fest. Allein dieser Umstand zählte als Haftungsgrund. Mama beschied Papa Kälte.

Setze ich aus heutiger Perspektive das Ich eines kleinen schutzflehenden Kindes für das Wort Laptop ein, wäre meine Situation als Kind dieser Schriftstellerin charakterisiert. Ich war ihr Kind und die Sorge galt dem Buch, das sie aus dem gemeinsamen Alltag herausschreiben würde. Ich bin heute distanziert von der Riesin, meiner Mutter, weil es auch Positives gab. Zum Beispiel: Sie verglich ihre Bücher nie mit ihren Kindern. Das rechne ich ihr im Vergleich zu anderen schriftstellernden Müttern hoch an. Ihre Bücher waren Zeitfresser und das ging auf unsre und sehr auf meine Kosten.

Ich hatte nicht mit der Durchschlagskraft und dem Gerechtigkeitssinn meiner Mutter gerechnet, die zornig werden kann, wenn jemand glaubt, man könne mich oder jemand anderen von uns für blöd verkaufen. Dann schimpfte sie mit uns, dass wir es so weit kommen lassen konnten, und rief Sachbearbeiter an und klärte die Chose, wenn es beispielsweise um eine schlechte Bedienung in einem Saftladen ging, nur weil wir zu jung waren für einkommensstarke Konsumenten. Zurück zum Diebstahl, ich beschrieb damals der

Polizei den Safe in aller Ruhe und schickte die E-Mail an den Sachbearbeiter der Versicherung. Quasi als Ausgleich zum mütterlichen Engagement. Auf einmal ging alles leicht und sie bekam den materiellen Schaden ausgeglichen, weil ich den juristischen Jargon draufhatte.

Streng war meine Mutter auch, vor allem, wenn ich mich über das Schreiben ausließ, also die Schwierigkeiten, die ein Schriftsteller, sie mir, bereitete. Sie erklärte mir, dass sie eine Schriftstellerin sei, dass sie den Weg ins Offene einschlüge, selbst wenn sie dafür auf dem Kopf ginge. Ich nahm das ratlos hin und sie sagte mit einem Schulterzucken, dass das Jammern nichts helfe, nichts nütze. Sie müsse eben durch diese Phase.

Ich kann mit ihr stundenlang diskutieren, über die Schwierigkeiten der Schwierigkeiten beim Verfertigen von literarischen Texten. Meine juristischen Schriftstücke, selbst was dieses Portrait anbelangt, seien aufgelegt, sagt sie. Sie meint damit, dass man nur eine Schablone verwende, dass Form und Inhalt von ihr oder den Konformismen vorgefertigt wären. Sie findet den Weg, aus dem Nichts etwas zu schaffen, während ich im Rahmen des Rechts zu Hause wäre. Das sei nicht nichts, versuche ich ihr gelegentlich zu erklären, aber auch nicht alles. Dann fragt sie grinsend, weil sie weiß, dass ich von ihr schreibe und damit etwas Physisches, Substanzielles und Konkretes vor mir habe, wie ich mich mit diesem NICHT-NICHTS fühle. Sie pflanzt meinen Widerspruch um, so dass ich ihrer Argumentation einen Sinn gebe. Vielleicht verschaffe ich ihr eine Schrift, die sie nicht umschreiben kann. Das mag ironisch klingen, ist aber nur konsequent gelebt, nach dem Prinzip: Durch die Phase der unausweichlichen Schrift-Mutter muss ich durch! Sie wird schließlich gerade gewürdigt.

Die Geschwister kombinierten die Wirkungsfelder und mehr noch, sie paarten die Rollen der Frau zu Funktionen in bestimmten Räumen unserer Wohnung: Sie war der Tankwart, die Pyrotechnikerin am Herd, die Zerschmetterin der Wasserpfeife, die Drogenfahnderin, die Verbieterin von Computerspielen, und das alles in einem Brüllton. Nur beim Schreiben war sie still.

Des Abends malte sie ihr Gesicht an, trug neue schöne Schuhe, die zu neuen Kleidern passten, selbst wenn wir das Wochenende bei ihr waren. Sie leistete es sich auszugehen. Sie verließ ihren Schreibtisch und damit auch uns. Anschmiegsamkeit konnte ich mir erst vorstellen, als die Katze ins Haus kam.

Das Tier stand die Gegensätze durch, aufrecht und elegant und haarte nie. Ganz anders als der Hund, den ich gern gehabt hätte. Nun denn, ich habe mir eine Kanzlei aufgebaut, eine Karriere mit Kind und Hund. Den Mann hielt ich nicht aus. Das klingt jetzt flapsig, aber meine stattliche Erscheinung erfordert Paroli. Zudem wird gesagt, ich habe Humor und Sinn für das Schräge. Das Schräge, das sind die überraschenden Momente, wo ich meiner Mutter dafür danke, Witz zu besitzen.

Nähe ist positiv, aber sie schreit oft nach Distanz. Ein Leben in Sympathie mit meiner Mutter verlangt das.

So verabreden wir uns, weil ich über eine Facette ihres Metiers schreiben möchte. Die Notizen sprechen für sich, oder? Das bringt mich in den Zwiespalt, ihr berufliches Anliegen zu formulieren, sie als Expertin zu verstehen. Das hätte sie gern. Ich rede nicht und nie über ihre Literatur. Sie hat ihre Kollegenschaft dafür. Dort gibt es auch Kinder, die ihr eigenes Verhältnis zu ihren schriftstellernden Müttern haben. Meine Theorie lautet, Mutter ist davon überzeugt zu wissen: Je besser das Verhältnis zu den kleinen Kindern, umso schlechter die Literatur. Ich fürchte, wenn ich noch länger dieser Laudatorin zuhöre, vom politischen Engagement, der unbestechlichen Haltung und der stilistischen Sprachgewalt dieser Mutterschrift erfahre, dass Mutter Recht gehabt hat.

Warum war Abraham bereit, seinen Sohn Isaak für Gott zu opfern? Was für ein Machwerk ist doch das Alte Testament! Gott hatte den Gläubigen in letzter Sekunde daran gehindert, den Knaben zu schlachten. Ich höre nun, dass so eine archaische Macht auch in Mutters Sprache läge. Hätte ich an Stelle Isaaks meinem Vater verziehen? Für seinen vertrottelten Glauben an einen Gott, der vielleicht nur sein Gedankenwerk war? Der Mutter sicher nicht.

Wo Distanz eingeräumt sein muss, ist Platz für anderes. Üblicherweise reden wir, Mutter und ich, nie von Herz zu Herz. Die Kühle im Saal macht mich jetzt geduldig. Mutter sitzt in der ersten Reihe, sie bekommt nicht viel mit, sie ist bei sich in einer großen Verwunderung. Sie wurde erhört.

Wir treffen uns auf neutralem Boden, im Café Engländer. Ihr Deutsch ist kein Jargon einer Berufssprache, sondern ein geschliffener Text, durch den ihre Lösungsvorschläge funkeln. Man beginnt zu verstehen, dass sie die Unterschiede zwischen gerichtlicher oder außergerichtlicher Konfliktlösung nicht ernst nimmt. Ihr Fallverständnis ist groß, sie hat auch Teamgeist, besitzt Empathie, hat Mut zur Strategie in Gesprächen, aber sie redet nur von literarischer Gerechtigkeit. Die persönliche Begleitung ihrer Kinder als weltvertrauensbildende Maßnahme war ihr versagt, dafür schrieb sie zu viel. Nur das Gequatsche darum war manchmal selbstironisch und sonst war sie ernsthaft bemüht, das Geld für die Betreuungspersonen zu verdienen. Zuhören, um Streitparteien aus sich selber zur Lösung zu bringen, hatte sie erst in einer Therapie gelernt.

Sie sitzt, wo sie nie gesessen ist, in der ersten Reihe. In ihrem Rücken bin ich. Die Anwältin mit internationaler Ausbildung und einer Expertise als Tochter einer Schriftstellerin, deren Literatur wichtiger ist als ich ihr. Das bedeutet, dass die Rechtsgelehrte, in Herzensbildung geschult, die Mutter in speziellen Belangen begleitet, um die Exploration, also die Erforschung der Konflikte zu vertiefen und für ihre Klientin zu meistern. Das ist sie, meine Klientin, die ich gegen mich verteidige. Darin liegt der größte Unterschied zu ihrer literarischen Gerechtigkeit, es handelt sich um meine Mündigkeit als ihr Lebenswerk, wenn ich mich als Gerechtigkeit ihr gegenüber offenbare.

Die Kosten für dieses Gespräch werde ich nicht verrechnen. Es findet unter Ausschluss der Öffentlichkeit statt, und doch ist es öffentlich, weil die Laudatorin die Exploration meiner Causa zu einer Res Publica macht. Mutter hat mir angeblich etwas gewidmet.

Angenommen, ich würde mich zu Mutter setzen, denn der Platz neben ihr ist frei, hätten wir eine Situation wie damals, als sie im Erker saß und schrieb. Ich hatte mich damals zu ihr gesetzt. Heute weiß ich, dass ich mich mit ihr identifizierte. Ich machte sie nach. Aus Liebe, die jedes Kind hat. Ich setzte mich aus Liebe zu ihr, weil ich ihre Liebe brauchte. Sie kam nicht von allein, das hatte sich die Liebe abgewöhnt gehabt. Nur darin hatte meine Mutter damals für Jahre versagt. Ihre Geradlinigkeit bot die Grundlage für das Vertrauen, das ich in sie hatte. Schreiben oder nicht schreiben, das war die Frage! Auf diese war Verlass, alles andere folgte.

Voraussetzung zu dieser Methode ist der richtige Stil der Exposition, die ich mir jetzt erlaube. Hätte meine Mutter gewusst, dass sie eines Tages diese Würdigung erfahren würde, hätte sie dann anders agiert? Wie hätte sich mein Leben angefühlt, ohne Versagensangst?

Im Prinzip gilt: Mitgestaltung der beruflichen Bedingungen schafft Mündigkeit, hebt den Selbstwert und erzeugt gute soziale Beziehungen. Win-Win. Ich fürchte, sie hatte Recht, als sie sagte: Kind, ich habe keinen Beruf, ich habe eine Berufung. Damit hatte sie sich ausgeliefert an einen Glauben.

Vielleicht spürt sie meine Gedanken, denn als sie aufsteht und zum Podium schreitet, um die Urkunde in Empfang zu nehmen, blickt sie kurz, aber zielgerichtet zu mir. Sie freut sich sehr. Ich aber spüre, dass es ihr wie mir des Lobes nicht genug ist. Sie dankt.

Barbara Peveling

MASKE

Morgen früh nähe ich die Maske fertig. Dieses Stück schwarzen Stoff mit drei roten Herzen darauf. Die Herzen sind mit Wachsstift gemalt und beim Bügeln etwas verlaufen, sie sehen aus wie verzerrte Kussmünder.

Vor ein paar Tagen stand M. neben mir vor dem Bügelbrett, nahm das schwarze Stück Stoff in die Hand und wollte wissen, ob ich das gemalt hätte. Ich nickte nur, denn in meinem Kopf zählte ich die Stiche, die ich noch brauchte, um den ganzen Haushalt mit Schutzmasken zu versorgen, unendlich viel.

»Kann ich die haben, wenn sie fertig ist?«, hat mich M. gefragt.

»Selbstverständlich.«

Ich habe mich an M. gewöhnt, an seine selbsterklärte Schwäche für Schönheitsprodukte, er kann die Marke meines Parfums am Duft erraten und für die trockene Haut meines Sohns hat er mir die richtige Creme besorgt.

Neulich stand ich im Garten, als M. gerade von einer seiner Touren zurückkam. Eine Mutter aus der

Homeschooling-Gruppe hatte mir schon vorher auf WhatsApp geschrieben, dass unser Au-pair-Junge ja schon *auffällig* oft durch die Straßen ziehen würde. Als Apothekerin arbeitet sie trotz Lockdown weiter.

»Er braucht halt Bewegung, das ist so bei jungen Männern«, habe ich gesagt.

M. trat durch das Gartentor und ich nickte freundlich, es wäre mir auch gar nichts aufgefallen, aber er kam auf mich zu, zeigte auf sein Gesicht: »Wie findest du das? Es ist eine Herausforderung auf Facebook!«

»Aha!«, habe ich geantwortet.

Dann war er schon weg. Ein wenig wunderte ich mich schon über diese Jugend, die sich gegenseitig herausfordert, sich Sommersprossen auf die Nase zu malen um damit durch die leergefegten Straßen zu laufen. Aber vielleicht war das Corona, die Jugend musste sich irgendwie beschäftigen, die Zeit totschlagen, und dann halt so, herumlaufen, geschminkt, sieht ja eh keiner.

M. war wichtig für mich, er war mir eine Hilfe, damit ich meine Arbeit machen, schreiben konnte, während er die Kinder versorgte, sich um sie hinter verschlossener Tür kümmerte.

Alles hatte so gut angefangen. Kurz vor Corona brach ich in ein Literaturstipendium auf und verabschiedete mich von M: »Du bist jetzt die Hausfrau!«

Er lächelte erleichtert, das gefiel mir, ich wollte, dass er meine Rolle übernahm, die Frau im Haus war. Die, die alles managt, sich um Haushalt und Kinder kümmert, kocht, einkauft, sich um Schulaufgaben und Wäsche sorgt. Das war sonst meine Rolle, denn mein Mann hat eine Festanstellung, und damit etwas Solides, womit sich eine Familie ernähren lässt. Ich nicht, ich bin Schriftstellerin. Um Geld mit dem Schreiben zu verdienen, brauchen Autor*innen Stipendien und die werden oft nur mit Aufenthalt angeboten. Die Rolle der Hausfrau, meinen Brotjob sozusagen, sollte ein Au-pair übernehmen, in diesem Falle M.

Ich habe lange auf dieses Stipendium gewartet, mich jahrelang überhaupt nicht beworben, aus Angst, genommen zu werden. Wer sonst hätte sich an meiner Stelle denn um die Kinder gekümmert? Im Stiftungswesen gibt es keine Förderung für Menschen, die Care-Arbeit leisten. Also habe ich mich in Geduld geübt und gewartet.

M. hat es so gut gemacht. Das merkte ich sofort.

»Wenn ich das mit dem Stipendium schaffe, dann nur dank dem Au-pair«, erzählte ich einer befreundeten Autorin in den ersten Wochen. Ich war erleichtert, dass M. ruhig blieb, während mein Mann während meiner täglichen Anrufe diesen leicht genervten Unterton in der Stimme hatte. Er war das nicht gewöhnt, die Verantwortung zu tragen, zwar brachte und holte M. die Kinder aus der Schule, aber Unterschriften leisten, Arztbesuche organisieren, die ganze Mental Load, das war jetzt plötzlich Aufgabe meines Mannes.

Dass M. mir bei meinem ersten Heimatbesuch über die Gereiztheit meines Mannes Bericht erstattete, hatte ich erwartet. Er nannte ihn eine Testosteronschleuder und wir lachten zusammen. Ich war einfach nur froh, dass M. nicht das Handtuch warf.

Ich werde mich wohl immer fragen, was eigentlich passiert wäre, wenn Corona nicht die Bremse gezogen hätte. Als der Lockdown beschlossen wurde, war ich gerade auf Heimatbesuch und erstmal froh, in dieser Krise an einem sicheren Platz zu sein. Wenn es auch mein alter Platz war.

Homeoffice und Homeschooling wurden unerwartet Alltag, alle waren die ganze Zeit zu Hause. Plötzlich verbrachte M. viel Zeit auf seinem Zimmer. Mit meinem Mann kam es zum Streit, die Schule schickte die Hausaufgaben, jemand musste sich darum kümmern und dieser jemand war wie selbstverständlich ich.

»Kannst du dich bitte um die Kinder und ihre Schulaufgaben kümmern, wenigstens für ein paar Stunden?«, bat ich M. Er stimmte zu, wir kamen über die Runden, warteten, dass die erste Welle vorbeiging und wir aus dem Loch kriechen konnten. Aber Corona ließ sich Zeit und langsam, schleichend, aber stetig fiel die Waage aus dem Gleichgewicht.

Da war dieser Tag mit dem Lernprogramm, das installiert werden musste. Mein Mann behauptete, er habe irgendwas gebastelt, aber beim Termin mit der Lehrerin ging das Mikro wieder nicht und die Kinder rannten schreiend um den Tisch, während der Mann fluchte, weil er eigentlich an seinen Schreibtisch wollte. Dahin wollte ich auch, und mir sind die Nerven geplatzt: »Kann sich mal jemand um die Kinder kümmern?«

M. stand in der Tür und sah blass aus, vielleicht hatte er auch nur schlecht geschlafen, in seinem Zimmer war spät in der Nacht oft noch Licht.

Das Mikro war zwar repariert, aber die Spannung zwischen meinem Mann und mir nahm weiter zu. Ich fühlte mich nicht unterstützt, alles hing immer nur an mir, die ganze Organisation, dass überhaupt mal geputzt wurde im Haus, aufgeräumt, Wäsche gewaschen.

Jeden Tag zerfleischten wir uns mehr, und immer ging es um Kleinigkeiten. Treibgut des Alltags. Schließlich zog mein Mann aus dem Schlafzimmer auf das Sofa in seinem Arbeitszimmer.

Ich habe versucht, wie immer, alles allein zu machen, Haushalt, Kinder, Hausaufgaben und das Schreiben.

Irgendwann kam es dann zu dieser Szene mit M.: Ich suchte eines der Kinder fürs Homeschooling, fand es bei M. im Zimmer. Ich war genervt, gereizt, am Ende. Ich hatte Lust, die Schulhefte der Kinder zu zerreißen, aber bemühte mich, mich vor ihnen zu beherrschen. Beherrschen konnte ich mich nicht mehr gegenüber M., ihm zeigte ich in Sprache und Gestik, dass meine Grenze längst überschritten war.

M. fühlte sich zu Recht ungerecht behandelt. Er flüchtete ins Homeoffice meines Mannes. Für den war es völlig legitim, sich mit seiner Lebenszeit nur und ausschließlich um sein Einkommen zu kümmern, denn das Einkommen war etwas, das *er* und nicht ich hatte. Doch seit Corona war auch das nicht mehr sicher, einem Kollegen war schon gekündigt worden, er fürchtete, dass die Krise auch ihn treffen könnte.

Als ich die Bürotür öffnete, starrten mich die beiden Männer schweigend an. Kurz überlegte ich, doch lieber das Feld zu räumen.

»So wie sie mit mir spricht«, sagte M. und zeigte mit dem Finger auf mich, »hat noch nie jemand mit mir gesprochen!«

»Sie«, fuhr er fort, »muss immer alle rumkommandieren, sie will immer alles bestimmen, sie will die Entscheidungen treffen.«

Ich holte tief Luft, denn ich musste mir eingestehen, dass ich hier der Drache war, der alles entschied, bestimmte, mit der Peitsche schwang, unter der sich alle ducken mussten. Der Hausdrachen war ich. Domestizierte Drachen herrschen im Haus. Das ist ihre Rolle, das soziale Spiel, das sie spielen, ob sie es wollen oder nicht.

Hic sunt dracones, sagte ich leise zu mir selbst. *Hier sind Drachen*, und der Drache bin ich, ich bin das unbekannte Gebiet, das euch Angst macht, das ihr nicht betreten wollt, ich bin die Kraft, vor der ihr euch fürchtet, und ihr zittert zu Recht, denn diese Welt ist voller Ungerechtigkeit und dies ist eine von ihnen.

Wann ich unverschämt gewesen war, wollte ich von M. wissen. »Vorhin, als sie ihr Kind aus meinem Zimmer gerufen hat!«, antwortete er.

Ich musste die Augen schließen, wieder sprach er in der dritten Person von mir: »Ich habe mein Kind gesucht, damit es für die Schule arbeitet, denn wenn ich damit bis Mittag warte, fällt es ihm sehr schwer, sich zu konzentrieren, es muss morgens arbeiten.«

Kurz ging ich im Kopf alle Möglichkeiten durch, wie ich das nächste Mal nach ihm rufen könnte, ihn locken, den Namen tanzen, singen, flöten, sehr leise sprechen oder wie Vogelgesang zwitschern, damit er und auch sonst niemand im Haus sich verletzt fühlen könnte. Ich wusste, dafür hatte ich keine Kraft.

Also sagte ich nur: »Es tut mir leid.«

»Sie gibt es auch noch zu, dass sie mich abfällig behandelt!« M. schrie jetzt und sah meinen Mann an.

»Bitte nenne mich nicht *sie*, ich habe einen Namen.«

M. gab nur ein Stöhnen zurück, das sich anhörte wie ein Zischen, eine Maschine, die sich Luft machte.

Auch ich sah meinen Mann an und wir verfielen alle drei in Schweigen. Ich konnte immer noch nicht so ganz verstehen, was los war, warum M. auf diese Weise reagierte, so hart blieb und was das alles mit mir zu tun hatte, aber ich wusste, dass ich das hier durchstehen musste, denn wenn ich es nicht tun würde, wäre ich einmal mehr die Verliererin in einem Spiel, dessen Regeln ich nicht aufgestellt hatte.

»Wieso lässt du zu, dass ich beschuldigt werde?«, fuhr ich meinen Mann an.

Der schwieg.

»Siehst du nicht, dass du auch an der Situation schuld bist, es sind schließlich deine Kinder, ihre Betreuung, ihre Lernaufgaben, um die es hier geht? Warum, um Himmels willen, musst du dich bei Fragen der Sorgearbeit immer aus der Affäre ziehen?«

Mein Mann sah mich an und schluckte und suchte nach Worten und fand sie nicht und stotterte: »Ja, ich habe mich in der letzten Zeit etwas aus der Verantwortung gezogen, wenn ich präsenter gewesen wäre, hätte sich der Stress durch dreigeteilt und zwischen M. und dir wäre es nicht zum Streit gekommen.«

M. nickte und fügte hinzu, dass ich auch verstehen müsste, dass man so nicht mit Leuten spricht.

»Von wem sprichst du, welche Leute meinst du?«

Der Seitenblick von M. auf meinen Mann entging mir nicht.

Der schwieg wieder.

»Ich bin nicht die oder der Einzige im Haus, die sich Luft machen muss, erinnerst du dich nicht, dass du dich selbst über meinen Mann in den ersten Wochen beschwert hast, als ihr alleine wart?«

»Ja sicher«, gab M. zurück, »aber das war ja verständlich, der war ja immerhin von einem anstrengenden Job am Abend nach Hause gekommen, da kann man ja wohl mal genervt sein.«

Ich gab auf, kapitulierte, ich sah ein, dass die Schlacht verloren war, es keinen Sinn machte, weiter gegen Windmühlen zu kämpfen. Ich stand auf, um zu gehen.

»Kann ich mal alleine mit dir sprechen?«, fragte mich M. und bat meinen Mann kurz rauszugehen.

Sekunden später waren da nur noch er und ich im Büro.

»Kann ich dir ein Geheimnis verraten?«, M. beugte sich vor.

Ich blickte ihn irritiert an.

»Eigentlich bin ich auch eine Frau, nur eben im falschen Körper, und deswegen solltest du nicht denken, ich hätte was gegen Frauen. Überhaupt, mit dir habe ich mich doch immer viel wohler gefühlt, vertrauter als mit deinem Mann.«

»Du willst sagen, du bist schwul?«, fragte ich.

Aber M. schüttelte den Kopf: »Es tut mir auch leid, dass es so weit gekommen ist, ich nehme zurzeit Hormone, mein Körper verändert sich, niemand weiß etwas davon, auch meine Eltern nicht, das ist schwer für mich. Die Zeit hier bei euch, das war der Moment, um mit meiner Transition zu beginnen.«

Ich atmete ein und wieder aus. Ich gab mir Mühe, nicht zu schreien, was das denn war, heute, dieser Streit um Rollen, wer die Frau im Haus ist und wer was bestimmt, wer die Peitsche schlägt, wer der Drache sein darf. Ich war versucht M. zu sagen, er könne sie haben, diese Rolle, ich brauchte sie nicht mehr, denn ich hatte sie so nie gewollt, mir war keine Wahl geblieben. Aber ich sah ein, dass auch er nicht wählen konnte, noch weniger als ich.

Ich wollte M. sagen, dass er sich alles wünschen könne, nur nicht, eine Frau zu sein, diesen Körper zu haben, der einen zum Sklaven des Systems macht, er solle bleiben, was er war, nichtbinär, weder das eine noch das andere, und ich streckte meine Hand nach ihm aus. Er sprang auf und auf mich zu, wollte in den Arm, an die Brust genommen, gewiegt und getröstet werden.

»Darf ich dir zeigen, wie ich als Frau aussehe, mit Perücke und Schminke und allem?«, fragte er.

Ich nickte: »Soll ich dich vor den anderen lieber als *sie* bezeichnen?«

Er schüttelte den Kopf: »So weit bin ich noch nicht.«

Ich dachte daran, was ich nicht alles geben würde, damit das Schminken, das Frisieren, die Sorgearbeit auch, nicht mehr gleichgestellt würden mit einer weiblichen Identität, mit dem, was im Körper einer Frau zu existieren heißt.

Ich habe ihm versprochen, ihn in seinem Zimmer zu besuchen, morgen, und die schwarze Maske fertig zu nähen, diese Maske mit rot geschminktem Mund, die ich nun nicht mehr brauche.

Helena Adler

NESTELN

Lass dir eines sagen, mein geliebtes Kind, das du mein Leben bereicherst, es anreicherst mit Liebe und Leiden gleichermaßen, weil du jetzt bist und hier bist und mein Leben: Liebe und Leiden ist einerlei. Das kann ich dir versichern, das wirst du noch sehen, später wahrscheinlich, hoffentlich. Nicht jetzt. Jetzt habe ich Angst um dich. Um mein eigenes Leben. Und das bloß, weil es dich gibt. All meine Ängste eskalieren plötzlich, weil du geboren worden bist. Ekstase und Eskalation im Eskimo-Ödland, das bisher in Einsamkeit ertrank. Das mit dem Eskimoland erkläre ich dir später, warte ab. Und überhaupt das mit dem Land, das ist ein Fluch, ein Landfluch, in den man gerät, kurz nach der Stadtflucht, die sich bald epidemisch ausbreiten wird. Bei uns im Norden ist mir immer kalt, da ändert auch die Sonne nichts. Und im Süden würde mir das Grün fehlen, das beschissene Tannengrün, das ich eigentlich hasse und doch brauche wie die Brühe das Suppengrün.

Wir sind daheim. Wie man bei uns sagt. Doch dein Daheim ist nicht meines, denn ich komme von woanders her. Was weiß ich, wo ich herkomme, ich habe es vergessen, verdrängt, oft träume ich davon und wenn ich aufwache, beschleicht mich mein leidiger Herkunftshader. Die Familie hat die Leichen im Keller nie versteckt, sondern in der Stube gestapelt. Immer wieder tanzen sie in meinem Kopf. Vor Ort (, hier und jetzt,?) gibt es nur uns beide. Nur dich und mich. Ein altes Haus, umgeben von Gärten auf jeder Seite. Wir sitzen auf der Hausbank im Schattengarten, hinten, und mosern über das Moos, das hier überall hervorquillt, doch im Grunde greifen wir nach diesen grünen Sternen, die bei uns am Boden liegen, die es nur anzuschauen gilt. Wir träumen unter der Trauerweide und nisten uns ins Dickicht der Rosenbüsche. Die Eltern klackern über uns, als hätten sie Kastagnetten geschluckt. Dürfte ich mir eine Tageszeit aussuchen, die ewig währt, dann wäre es die Dämmerung. Abenddämmerung. Für mich. Für dich suchte ich den Morgen aus. Oder den frühen Nachmittag. Jedenfalls etwas, das heranbricht. Nicht nieder. Oder zusammen. Der Föhnwind fährt durch morsches Geäst, lässt goldgelbe Quitten regnen. Pelzige Honigäpfel stürzen auf einen weichen Moosteppich, brechen sich das Genick und liegen uns zu Füßen, die Frösche bleiben aus. Die Blätter lauben bereits am Boden, der Winter bricht bald wie eine Chemo über die Baumkronen herein und wird an ihnen kein einziges Haar lassen oder jedes krümmen. Die Sonne welkt am Himmel, ihre Strahlen schleifen schon am Boden. Die Bäume strecken ihre knochigen Hände mit den schwarzen Adern aus, greifen nach dieser sagenhaft gleißenden Orange, die ihr Licht über ihnen auspresst. Im Herbst stirbt sie besonders prächtig und theatralisch. Wir beide lieben großes Theater. Der Großteil des Gartens wächst wild, so wie wir, nur das Gemüsebeet trägt einen kultivierten Grünschnitt. Wir ernten rote Beete und sprechen über rote Riesen. Mein Herz füllt sich mit so viel Rot und beginnt zu flimmern, dass mir fast bange wird. Mein ganzer Stolz hackt mit beachtlicher Wucht in die Erde, zieht das Gänsefußgewächs an den Haaren heraus und an den Haaren herbei, dass rote Rüben geschrumpfte rote Riesen sind. In unserem Garten liegt ein ganzes Universum begraben, stellst du fest. Die Größe deiner Hände überrascht mich im Vergleich zu meinen. Nicht mehr lange, dann wirst du größer sein als ich, größer als dein Vater und größer als dein Riesencousin. Dabei warst du eine Frühgeburt und hattest Gelbsucht, aber die Ärzte schwadronierten irgendetwas von Bilirubin, bei mir blieb nur Edelstein hängen und ich dachte daran, dass diese Art von Euphemismus bei einer Erstlingsmutter mit Wochenbettdepression nicht angebracht wäre, aber ich ließ mich nicht unterkriegen, je schlimmer es wurde, desto mehr strengte ich mich an, ich stillte und pumpte im Minutentakt, während du im Brutkasten schliefst und ich dich nur mit einem Plastikgreifarm betüdeln durfte, der kranke E.T. kam mir in den Sinn, die Szene, als er im Bachbett lag, und mir liefen sofort Tränen und Rotz das Gesicht hinab, ich gab mir einige Ohrfeigen, ermahnte mich, mich zusammenzureißen, weil ich stark sein musste, für dich, dann zog ich meinen Rotz und das karierte Krankenhausnachthemd wieder hoch und setzte die Saugnäpfe, der – wie man mir erklärte –, hochmodernen elektrischen Milchpumpe an meine Euter an, links, rechts, bis das Vakuum die Brustwarze einsog, und freute mich über jeden hart erpressten Tropfen, während mir der Schweiß herunterlief. Manchmal schoss sogar ein kleiner Strahl heraus und ich fühlte mich wie eine Märtyrer-Mutter, eine unverwüstliche Heldin, die alles für ihr Kind vollbringt, eine, die Blut und Wasser schwitzt und Milch spritzt. In der nächsten Sekunde kamen Besucher und ich sah mit deren Augen die verzweifelte Milchkuh, die im Krankenbett saß und kläglich versuchte, sich selbst zu melken. In diesem Moment verwandelte ich mich von der Rambo-Mutter hin zur Rabenmutter, die nicht imstande war, ihr eigenes Kind am Busen der Welt zu säugen, nein, ich musste abpumpen, während du schliefst, um dir danach die dreifache Ladung einzuflößen. Angst einflößen konnten sie mir trotzdem nicht, nicht so. Ich habe die Zufütterung mit Pulvern erfolgreich verweigert. Letzten Endes habe ich diesen schmächtigen Kerl, der du warst, aufgefüttert, denn ich bin eine Übermutter und Übermütter lieben grenzenlos und erbarmungslos, so sehr, dass es wehtut, und zwar dir äußerlich und mir innerlich, dass deine Haut spannt und das Blut in meinem Leib innen anbrennt wie die heiße Milch im Topf, dass mein liebendes Rot übergeht, dass sich mein Herz wie ein Kanonenrohr der Fürsorglichkeit auf dich richtet, dich bombardiert und bemuttert, weil du das Ziel dieser ewigen Liebe bist, der evolutionäre Hauptpreis, den ich abgeräumt habe, weil ich deine Mutter bin, der Jackpot in der Lotterie meines Lotterlebens, einfach weil die Würfel so gefallen sind und die Würfel sind prächtig gefallen, denn der Wurf ist so göttlich, du bist so himmlisch, gespenstisch grandios, alles andere dagegen sonderbar, du bist der, den man nur zerbricht, um ihn stärker für da draußen zu machen, um ihn zu rüsten für das Spektakel in dieser Welt zwischen Utopie und Dystopie, irgendwo zwischen Himmel und Gegenwart. Jeden Tag fette ich meine Liebe auf, schmiere sie als Butter auf deine Brotränder und rühme mich dafür, einst die Greisin deiner Kinder zu sein, ich allein beanspruche das Söhnchenmonopol zu deiner und meiner Lebenszeit, ich biege deinen Lebenslauf immer gerade, egal, was oder wen du zerbrichst, also lauf beizeiten um dein Leben, weit weg von mir, schlage Haken im Hasenschritt, niemals vor meinen Lauf, niemals stolpernd, denn ich bin ein Großkaliber, das einmal seine Arme für dich ausstreckt und für die anderen die Panzerfaust. Ich fang dich auf, noch bevor du auf eigenen Beinen stehst. Faustschlag in die Magengrube. Und zwar für jeden, der dir etwas anhaben will, den vernichte ich, ohne mit meinen künstlichen Wimpern zu zucken, die den Blick meiner Argusaugen rahmen wie die Federn den Arsch des Pfaus. Ich trage hundert Augen auf meinem Körper und nur zwei davon im Gesicht, die spiegeln dich, damit ich immer weiß, wo du bist. Der Rest versteckt sich unter den üblichen Mutterkleidungsstücken, die dir so behagen, die so eklig nach frisch gebackener Matriarchin muffeln, so übel heimelig.

Meine letzten angeleimten Wimpern fallen und es wird Winter. Das Geld geht aus und damit auch der Plastikschmuck. Der Schnee deckt den Tisch, scheckt die Landschaft ein und tischt Wurzelgemüse auf. Stangensellerie entpuppt sich als der Teufel des Gemüses, du sagst, das schmeckt wie Strafe. Aber ich möchte, dass du stramm und kräftig wirst. Du spielst im Garten und ich schaue durch die Finger, dazwischen das Glas des Wintergartens. Eine durchsichtige Wand trennt uns und ich denke übers Träumen nach. Ob du das wirklich bist, bist das du? Wer bist du eigentlich? Ein laufendes Wunder, ein andauerndes Mysterium und da soll einer sagen, es wäre nicht anmaßend zu behaupten, du seist mein Kind. Du musst das Kind einer Madonna sein, einer Gottesgebärerin und nicht das Kind einer Scheinheiligen, einer zweifelnden Heidin, einer zornigen Bauerntochter, die zu häufig in den Boden stampft. Denn ich bin nie bescheiden, viel zu oft überheblich aus verletztem Stolz, gleich einer gekränkten Fee aus einem Märchen, die man vergessen hat einzuladen, ständig im inneren Widerstreit mit sich selbst und den Tücken der Welt. Immer lauernd auf Fallen, die ihr gestellt werden, jedem misstrauend, außer dir.

Du trampelst in voller Montur herein, schüttelst die Stiefel von deinen Füßen und lässt die Haube zu Boden fallen. Ich strecke meine Arme aus und grinse dich an, dabei denke ich schon den Imperativ: Flieh unter meinen Schutzmantel und in meine Schirmherrschaft, ich putz dir die Nase mit meinem Rockzipfel und wasch dir den Kopf mit meinen Geschichten. Du kletterst auf meinen Schoß, formst eine Schnute und riechst an meinen Haaren. Ein paar davon sind schon weiß, weil mich deine Geburt so erschreckt hat und deine Nase so schief war, dass ich gedacht habe, du wärst unfähig Gefahr zu wittern, wenn das so bliebe. Du nimmst die gefallenen Krähenfüßchen, die aussehen wie kleine Reisigbesen, von meiner Wange, streckst sie mir auf deinem Zeigefinger entgegen und schreist: Mama, blas! Und: Wünsch dir was. Und ich puste und sage: Gleich fünf auf einen Streich, weil ich die Ultravolumen-Variante gewählt habe. Dann streiche ich deine Nase gerade. Und ich wünsche mir, dass du im Leben bestehst. Dass die seligen Momente die todessehnsüchtigen aufwiegen. Und weitere vier Wünsche, die sich um dich drehen, weil du meine Sonne bist. Eine laute, oft penetrante Sonne. Mein Kind redet nicht, es kann nur schreien, prahle ich immer und wahrscheinlich ist der erhöhte Lärmpegel dein Weg zu mir und Krawall unsere Art der Kommunikation. Du bist die liebste und frechste Mama der Welt, sagst du zu mir, und mein Herz schmilzt wie eine Dalí-Uhr. Dann entschuldige ich mich für meine Wutausbrüche, für mein Schreien und Schimpfen, und du sagst nur, dass du doch auch oft schreist. Du stellst fest, dass dein Vater von uns drei Brüllaffen am wenigsten schreit, und grinst etwas in dich hinein, als wäre er uns ein bisschen unterlegen. Noch in meinem Bauch hast du geschrien, weil du dich dort schön eingerichtet hattest, zwischen Milz und Leber versteckt, ich hatte nichts auf den Rippen, außer dir, meiner Leibspeise. Und ich aß nie Karotten, aus Angst, du könntest rote Haare bekommen. Manchmal gingst du mir auf die Nerven mit deiner Unrast, deinen Windungen, die den Todesrollen eines Alligators glichen, die mir die Organe durcheinanderbrachten, bis das Mittagessen wieder oben herauskam. Aber immer gingst du mir durch den Magen. Du schlingst deine Arme um meinen Hals und vergräbst deine Füße unter meinen, weil dir kalt ist und ich deine Wärmflasche bin. Dann riechst du wieder an meinen Haaren, es duftet ein bisschen nach ranziger Milch, etwas nach frisch gebackenen Brötchen und immer nach altem Leib, eine Mischung aus süßlich und bitterherb, nach jungem Ableben. Du kannst mich gut riechen und ich kann dich gut riechen, den Schorf auf deiner Kinderkopfhaut, den ich mit blanken Fingernägeln immer abgeschabt habe, bis du drei Jahre alt warst, weil das Affenverbindung schafft. Affenliebe nennt man das, hat dein Vater gesagt, der bei der Tür hereinschlurfte und beleidigt war aus Eifersucht und weil bei ihm nicht viel zum Lausen war. Zum Spülen bekommst du selten Saft, immer nur einen Schuss Zitrone mit frischem Fruchtwasser aufgegossen, das ich dir als Kristallwasser aus den Bassins vom Tessin verkaufe. Du fragst mich, wie das war, als du geboren wurdest. Es war Spätsommer, goldener August. Du hattest dich angekündigt, da war ein doppelter Regenbogen über dem Spital, da hab ich gewusst: Dort, wo du auftauchst, herrscht immer großes Spektakel.

Nava Ebrahimi

VOR DEM MORGEN-GRAUEN

Nach Bachmann

Ich sitze allein im abgedunkelten Wohnzimmer auf der Couch. Es ist ein sehr heißer Sonntag und mein Mann ist mit den Kindern ins Freibad gegangen. Eigentlich wollten wir zusammen gehen, aber seit zwei Stunden bin ich Bachmannpreisträgerin. Ständig läutet mein Telefon, ich gebe Interviews, nehme Glückwünsche entgegen, beantworte Anfragen für die kommenden Tage, Wochen, Monate. Dann plötzlich Stille. Ich strecke die Beine aus, versuche, einen Keks zu essen. Ich kann nicht. Ich vermisse die Kinder, weil ich schon jetzt weiß, dass die kommende Zeit geprägt sein wird vom Vermissen, vom schlechten Gewissen, vom Gefühl, dass sie zu kurz kommen. Mutter sein und schreiben, das heißt immer an einer Stelle wund zu sein. Entweder es fehlen die Aufträge und Lesungen, oder es fehlt die Zeit mit den Kindern. Ich vermisse die Kinder in diesen fünf Minuten, in denen das Telefon stillsteht, und obwohl ich weiß, dass, wenn sie wieder zu Hause sind, ich nach fünf Minuten wieder die Ruhe herbeisehnen werde.

»Genieß deinen Erfolg«, schreiben mir viele. Ich gebe mein Bestes.

Auf der Bühne
Eine meiner ersten Lesungen mit meinem Debüt fand im Literaturhaus einer deutschen Großstadt statt. Ich las mit zwei anderen Debütant*innen, beide etwas jünger als ich, aber beide schon namhaft. Er war Krisenreporter eines großen deutschen Nachrichtenmagazins, sie ebenfalls Journalistin in Berlin, beide wirkten auf mich sehr lässig. Ich war mit dem Zug, wie fast immer, auf den letzten Drücker angereist, um keine Sekunde länger als nötig von zu Hause weg zu sein. Die drei Wochen zuvor hatte ich mit meinen Kindern zu Hause verbracht, denn erst war der Ältere an Windpocken erkrankt, anschließend der Jüngere. Ich war schlapp, ausgehöhlt von drei Wochen nichts als Fürsorge. Drei Wochen Pusteln eincremen, Fieber messen, Wickel auflegen, Suppe kochen, Äpfel spalten, Tee einflößen.

Der Mitautor erzählte auf der Bühne eine spannende Geschichte nach der anderen. Er war perfekt vorbereitet, seine Witze saßen, seine wohldosierte Bescheidenheit, sein Bekenntnis zum Feminismus trafen genau den richtigen Nerv. Das vornehmlich weibliche Publikum lag ihm zu Füßen. Dann die Mitautorin. Sie wirkte im Scheinwerferlicht wie die coolste Person auf dem Planeten, sie war durch und durch entspannt, ließ sich von nichts aus der Ruhe bringen. Sie war völlig bei sich.

Zuletzt ich. Ich war überall, nur nicht bei mir. Ich saß auf der Bühne, vollauf damit beschäftigt, die

Reste meiner Persönlichkeit zusammenzukratzen und niemanden merken zu lassen, womit ich die drei Wochen zuvor eingespannt gewesen war. Als hätte ich etwas Verbotenes, Unanständiges getan, weil ich ausschließlich Mutter gewesen war. Weil ich nichts erlebt, kaum gelesen und gar nicht geschrieben, keinen einzigen klugen Gedanken gedacht hatte. Ich war neu im Literaturbetrieb und ließ mich noch sehr davon beeindrucken, wie Schriftsteller*innen zu sein haben. Entweder ungebunden und abenteuerlustig oder feingeistig und hochsensibel oder schwermütig und kaum lebensfähig, in allen Fällen jedenfalls nicht in der Lage, sich um jemanden außer sich selbst zu kümmern. Irgendwie habe ich den Abend bestritten, aber ich war unzufrieden mit mir.

Heute frage ich mich, was mich damals geritten hat. Ich wünschte mir, ich hätte von meinen Komplizinnen gewusst, und wir hätten uns damals schon ausgetauscht. Letztlich geht es doch immer darum: zu merken, mein Unbehagen rührt nicht daher, dass mit mir etwas nicht stimmt, sondern daher, dass ich mich gewissen Strukturen unterwerfe.

Heute denke ich mir, wie schön wäre es gewesen, wenn ich thematisiert hätte, wie ich die vergangenen drei Wochen verbracht hatte. Wie ich mich fühlte neben meinen Mitdebütant*innen. Was von einem übrig bleibt, wenn man sich längere Zeit nur um andere kümmert. Damit hätte ich nicht nur mir etwas Gutes getan, sondern auch dem vornehmlich weiblichen Publikum, denjenigen mit Kindern oder anderen Fürsorgepflichten, ob Autorinnen oder nicht – allen hätte ich etwas Erleichterung verschaffen können. Wer auf der Bühne sitzt, hat diese Macht und somit die Verantwortung.

Hinter der Fiktion
Anfang des Jahres bat mich ein Online-Feuilleton um einen Text zum Thema Schreiben und Mutterschaft. Dieses Online-Feuilleton erfährt viel Beachtung und ich hätte gerne auf dieser Plattform veröffentlicht. Aber ich lehnte ab. Zur Begründung schrieb ich, dass ich mich derzeit in der Fiktion wohler fühle. Dass ich mich dann wenige Wochen später doch von der Herausgeberin dieser Anthologie überzeugen ließ, einen Beitrag zu liefern, ist dem geschuldet, dass ich die Mitautorinnen verehre und so gerne mit ihnen zwischen zwei Buchdeckeln verewigt werden wollte. Und hier sitze ich nun und muss mich stellen, muss mich, meine Rolle als Schreibende und Mutter reflektieren. Erst jetzt wird mir klar, dass ich mich nicht nur wohler fühle in der Fiktion, sondern dass ich mich auch hinter ihr verberge, wie Doris Lessing es in »Das goldene Notizbuch« an einer Stelle ausdrückt. Mir fällt ein, dass es, als ich anfing zu schreiben, anders war: Einst setzte ich mich hin und formulierte meine Gedanken, um mir ihrer bewusster zu werden. Um mich selbst zu erforschen.

Wann hat das aufgehört und warum?

Mit diesem Beitrag versuche ich, den Faden der Selbsterforschung wieder aufzunehmen. Und ehrlich zu sein. Erstens, weil kaum ein Thema mit so viel Unehrlichkeiten überdeckt ist wie die Mutterschaft.

Zweitens, weil ich mich aus meiner Fiktion in die Welt des Tatsächlichen nur mit einem ordentlichen Schlag zurückkatapultieren kann. Ehrlich gebe ich zu, dass ich fast keinen der vielen, bestimmt sehr klugen Texte über Mutter- und Autorinnenschaft gelesen habe. Achtung, ich habe Virginia Woolfs »Ein Zimmer für sich allein« nicht gelesen! Schon der Titel geht an meiner Lebenswirklichkeit vorbei; ich wäre froh, ich könnte wenigstens meinen Schreibtisch von Spielzeug und Selbstgebasteltem freihalten. Auch von Sheila Heti habe ich nichts gelesen. Meinen jüngsten Roman habe ich aus der Sicht dreier Männer geschrieben. (Die Mutter von einem der drei verfasst lediglich einen Brief an ihren Sohn, aber der macht am meisten Eindruck auf Leser*innen. Die Mutter schildert darin auch, wie herausfordernd es ist, ein Kind mit einem provozierenden, ablehnenden Charakter zu lieben.)

Meide ich das Thema Mutterschaft bewusst?

Da ist ein Unbehagen. Die wenigen Beiträge zu dem Thema, die ich gelesen habe, waren sehr klug, aber ich fühle mich unbehaglich, denn mit jeder weiteren Zeile schreit mich eine Stimme an: Ihr habt Kinder bekommen, na und? Millionen Frauen tun das täglich, und die können von euren Lebensbedingungen nur träumen, also hört doch bitte einfach auf mit dem Gejammere, das interessiert wirklich niemanden! Diese Stimme existiert nicht nur in meinem Kopf, sie schreit mich auch aus den Kommentarspalten unter diesen Texten an.

Ja, im Vergleich geht es uns schreibenden Müttern gut. Wir haben im deutschsprachigen Raum eine verhältnismäßig zuverlässige, ordentliche, bezahlbare Kinderbetreuung, wir haben Aufträge wie diese, weil hier Anthologien wie diese erscheinen, wir haben Partner*innen, die größtenteils verinnerlicht haben, dass man sich nicht fortpflanzen oder für gemeinsame Kinder entscheiden und dann wegrennen kann. Wir können, zumindest wenn es sein muss, immer arbeiten. Vor dem Morgengrauen, nach Mitternacht, egal. Was soll eine Mutter sagen, die mit ihrem Job an der Supermarktkasse kaum über die Runden kommt, aber fixe Arbeitszeiten hat, teilweise bis 24 Uhr? Oder eine Mutter, die die PR-Abteilung eines Mineralölkonzerns leitet und deren Ehemann, Vorstand eines DAX-Unternehmens, findet, Kinder bräuchten vor allem ihre Mutter? An dieser Stelle höre ich auf, Vergleiche zu ziehen, diese reichen, dabei habe ich noch nicht einmal den deutschsprachigen Raum verlassen. Wir alle wissen, dass Vergleiche, Verweise darauf, dass es andere schwerer haben, zu nichts führen. Das seien alles Luxusprobleme und andere hätten es viel schwerer – ließen wir diesen Einwand gelten, müssten wir dann nicht beinah den gesamten westlichen Kanon für nichtig erklären? Handelte der Großteil der Literaturgeschichte nicht seit jeher von Luxusproblemen, geschrieben von Menschen aus gehobenen Schichten mit vollen Bäuchen, aber leeren Seelen? Schon immer waren es eben jene, die nicht um ihre körperliche Unversehrtheit bangen mussten und die es sich im Leben recht gemütlich einrichten konnten, die die Widersprüche, Konflikte, Abgründe der menschlichen Existenz reflektiert und auf Papier gebannt haben. Die

Supermarktkassiererin und die PR-Chefin werden das im Fall der Mutterschaft nicht tun.

Also wir. Also ist das unsere Aufgabe. Aber woher kommt dieses Interesse, Mutterschaft als öffentliches Thema abzuwehren? Sie weiterhin im Stillen geschehen lassen zu wollen? Als etwas »ganz Natürliches«, Privates, literarisch jedoch Irrelevantes? Wie kann es so stark sein, dass ich dieses Interesse sogar internalisiert habe? Hat das zuallererst damit zu tun, dass es Frauen sind, die Kinder gebären, und Frauen bis vor Kurzem ohnehin in der Literatur marginal waren? Ist es eine reine Frage der Repräsentation? Hat es etwas mit dem Bild des Schriftstellers zu tun, und dass die wenigen Frauen, die Bücher veröffentlichen, bislang oftmals kinderlos waren? Oder hat es damit zu tun, dass das Gebären und Aufziehen von Kindern eine unliterarische Tätigkeit ist? Zerstört der Gedanke an eine geplatzte Fruchtblase womöglich die Aura der Schriftstellerin? Steht der Gedanke an einen Geburtsvorgang im krassen Widerspruch zu den erleuchteten Kopfwesen, als die man uns am liebsten sieht? Ich schätze alles zusammen.

In der Tierwelt

Kinder kriegen und selbst das Aufziehen sind archaische Angelegenheiten, etwas, das uns an die Grenzen unseres Verstandes bringt, daran erinnert, dass wir Tiere sind. Wenn wir uns mit Literatur beschäftigen, wenn wir schreiben, entrücken wir der Tierwelt. Wir betrachten sie dann höchstens noch in ihrer Wildheit, Undurchdringlichkeit und schreiben dicke Wälzer, etwa über das Fliegenfischen, und diese lösen im Feuilleton regelmäßig Begeisterungsstürme aus. Wenn wir die Natur in der Literatur zulassen, dann als etwas, das wir betrachten, das unseren Gemütszustand spiegelt, das uns Demut oder Erhabenheit spüren lässt, manchmal als etwas, gegen das wir kämpfen, aber selten als etwas, das wir sind.

Wir bewahren uns gerne die Illusion, und bis vor Kurzem klappte das auch ganz gut. Aber da bin ich, eine Autorin, die beides will: Kinder haben und Bücher schreiben. Also das, was für Männer seit jeher selbstverständlich war. Aber anders als Männer es bislang größtenteils konnten, kann und will ich nicht so tun, als wären Kinder einem Hochbeet vergleichbar, das ich angelegt habe und für das ich nun verantwortlich bin, in dem Sinne, dass ich es hin und wieder gießen muss. Das nur am Rande Einfluss auf Leben und Schreiben übt. Nein. Kinder haben mein Denken verändert, meinen Blick auf die Welt, auf meine eigene Kindheit, auf meine Eltern, auf Beziehungen insgesamt. Ich habe sie geboren, genährt, gewickelt, getragen, ich habe sie ihre ersten Schritte machen lassen, auf mich zu und von mir weg, aber das macht keinen Unterschied, denn wer glaubt, damit sei das Ärgste geschafft, der irrt. Dann geht es erst so richtig los mit einer lebenslangen Verstrickung, mit den Sorgen, Hoffnungen, Ängsten. Mit Kümmern, Dasein, Zuhören, Falschmachen, Hadern, Verzweifeln und zwischendurch Wäsche waschen, Spielzeug wegräumen, Impftermine ausmachen, Freundschaftskummer wegstreicheln.

Muss ich deshalb dauernd thematisieren, dass ich Kinder habe, und möchte ich nun über nichts anderes mehr schreiben? Mitnichten. Aber ich wünsche mir, dass ich diese Seite meines Lebens nicht mehr ausblenden muss, um als Schriftstellerin weiterhin ernst genommen zu werden.

Auf der Arbeit

»Schreiben heißt, von einer sehr merkwürdigen Arbeit existieren, von der man nicht verlangen darf, dass die Gesellschaft sie als Beruf, als nützlich und notwendig anerkennt«, soll Ingeborg Bachmann einmal gesagt haben. Das ändert sich nach mehreren veröffentlichten Büchern und Preisen, aber bis dahin ist es ein langer Weg. Am Anfang des Weges steht die Herausforderung, das eigene Schreiben ernst zu nehmen. Als Arbeit anzuerkennen. Wie soll man es sonst schaffen, dem Eineinhalb-Jährigen, der in der Garderobe brüllt und weint und um sich schlägt, weil er heute nicht in die Krippe gehen möchte, weil er sich heute nicht von dir trennen mag, zu sagen: »Mein Liebling, du musst in die Krippe gehen, weil ich arbeiten muss.« Wie oft habe ich das andere Mütter und Väter sagen hören, aber wenn ich das über die Lippen brachte, fühlte es sich an wie eine Lüge. So achtete ich immer darauf, diesen Satz nur auszusprechen, wenn kein Erwachsener in der Nähe war. Denn niemand wartete auf mich, kein Bürogebäude, kein*e Chef*in, keine Kolleg*innen, lange Zeit wartete nicht einmal jemand auf ein Manuskript. Mein Müssen ist ein anderes Müssen. Natürlich ist da auch das Geldverdienenmüssen. Aber dazu hätte es deutlich leichtere und schnellere Wege gegeben. Statt »Ich muss arbeiten« hätte ich meinem Sohn in der Garderobe erklären müssen: »Mein Liebling, du musst in die Krippe gehen, weil ich schreiben muss, ich muss mich in meinem Dasein als Autorin immer wieder selbst vergewissern, gerade weil es kein Bürogebäude, kein*e Chef*in, keine Kolleg*innen gibt. Wenn ich nicht schreibe, bin ich nichts, und wenn du in meiner Nähe bist, kann ich nicht schreiben, also musst du in die Krippe gehen, auch wenn du vielleicht noch zu jung dazu bist und womöglich zu den Kindern zählst, die dort Studien zufolge zu viel Cortisol ausschütten, was sie in ihrer weiteren Entwicklung nachhaltig schädigt.«

In diesen Momenten wünsche ich mir oft, mein Beruf wäre es, Maschinen zu bauen. Aber nur in diesen Momenten. Sobald ich die Krippe verlassen habe, bin ich bei meinen Figuren, auf der Arbeit also.

Verena Stauffer

LEBEN

Etwas hüllt mich ein, eine Wolke, eine kleine weiße Wolke. Ich liege, staune über die Lage, in der ich mich befinde. Meine Glieder wollen zappeln, möchten aus der waagrechten Position in die Senkrechte, doch ich zwinge sie zu ruhen. Es ist meine Entscheidung, noch liegen zu bleiben, in dieser Schale aus Schulter, Brustkorb und Arm, dieser Muschel. Eine Decke fällt rund um das Bett bis zum Boden, der Raum ist verdunkelt, die Klimaanlage braust wie die Kühlung eines Hotels. Ich fühle mich, als läge ich am Gipfel der Welt, es muss der höchste Punkt sein, denke ich, die Stadt ist weit unten. Meine Augen wandern im Zimmer hin und her, ohne dass mein Kopf sich noch bewegt, ich sehe nur verschwommen weiße Dinge, die Decke, Kastentüren, ein Rollo. Es fühlt sich wie ein Traum an. Meine Beine können nicht mehr ruhen, ich strecke sie, doch die Muschel klappt ihre Schalen gleich fester zu, drückt mich in ihr weiches Fleisch. Atem strömt in mein Gesicht, ich inhaliere ihn, entspanne, hoffe, dieser Zustand möge andauern. Auf dass sich die weiße Wolke nie auflöse, ich schmiege mich an sie, schließe die Lider.

Beim nächsten Erwachen aber schlüpfe ich vorsichtig aus den Schellen, rücke an den Bettrand, lasse meine Beine hinab, stehe auf und tapse zur Tür, drücke vorsichtig die Schnalle nach unten, lasse den Tag einen Spalt breit herein, die Sonne ganz unverhofft nach dem Regen gestern, denke ich, es ist unverhofft hell. Ein Blick zurück zum Bett, nichts hat sich bewegt. Während er schläft, weiß er gar nicht, dass ich da bin. Oder weiß er es? Wusste er, wen er hielt, die ganze Nacht? Möglichkeiten verschieben sich in mir wie Erdkrusten, ich bebe.

Nackt stehe ich mitten in einem Wohnzimmer, das so sehr strahlt, mich durchflutet. Die Sonne überspült mich mit Zutrauen. Vor mir eine raumhohe Glasfront, dahinter die Skyline Manhattans, sie gießt sich über mich, stürzt in meinen offenen Mund, überschwemmt meine Augen. Ich schließe sie, bleibe still. Als ich sie wieder öffne, ist alles wie zuvor . Da ist der blaue Himmel, da sind ein paar kleine weiße Wolken, da ist Manhattan und im Schlafzimmer liegt ein Mann, bei dem ich jetzt wohne, für ein paar Tage.

What the fuck, denke ich.

Warum bin ich hier, warum stehe ich hier und nirgendwo anders, aber da fällt mein Blick schon auf die glänzenden, riesigen Gebäude, ich schaue in Millionen von Fenstern, schwimme durch ein Meer aus überdimensionalen und unzählbaren Bauten, Metall, Beton, Brownstone und Glas, schwarze Raucher. Erst jetzt wird mir bewusst, dass ich selbst in einem dieser Gebäude schwebe, wie Plankton. Es ist mir umgekehrt, als ob ich auf Himmelshöhe wäre, vor mir die Wölkchen, sie liegen regungslos in der Luft, mit oder ohne Grund, keiner weiß es. Hat mich mein Unterbewusstsein hierhergeführt? Welches Bewusstsein trägt die Verantwortung dafür? Meine Augen müssen sich vermehrt haben, denn zwei können nicht genug aufnehmen, in meinem Gesicht ist jetzt ein Pupillenschwarm. Ich stehe und schaue auf die Wohnungen, Büros, auf die Spiegelfassade eines Skyscrapers, in der eine der Wolken sich selbst beim Anwachsen kontrolliert.

Es fühlt sich an, als löste etwas Dunkles sich aus mir, als würde ich aus einem schweren Grund heraus in ein offenes Meer tauchen. Mein Mund steht nicht nur offen, er lächelt auch dabei. Ich fühle mich wie frisch gefallener Schnee, gehe über den hellen, weichen Teppich näher zum Glas, setze mich auf einen Mauervorsprung, mein Blick schwankt wie ein Kran hin und her, von Norden über den Osten nach Süden. Ich kann nicht wegsehen. Im Haus gegenüber, eine Frau vor ihrem Laptop, ein Mann auf seiner Couch, ein Bügelbrett. Zwischen zwei Betonwolkenkratzern, die mich an Moskau erinnern, wölben sich weit unten seltsam üppige Baumkronen, stellen sich den Häusern entgegen, wuchern, als könnten sie Manhattan verschlingen, es sind die Laubbäume des Central Parks. Ich schlucke. Erinnere mich an den Vorabend, an die rostroten Riesengarnelen im Restaurant Milos, an den griechischen Wein, der mit ihrem Geschmack auf der Zunge verschmolz. Einmal biss ich auf ein Stück des Garnelenpanzers, zermalmte und schluckte es, da ich es doch vor ihm nicht hätte ausspucken können. Wieder muss ich lächeln. New York, denke ich, und an die Gerüche der Stadt da unten, an den Dampf der indischen und asiatischen Imbissbuden, die Grasschwaden an jeder Kreuzung, an den Hauch von Meeresbrise, den Himmel, das Pink Tausender Pfingstrosen im Park, die schrillen Vans voll bunter Eiscreme. Ich bin sicher, dass es manchmal nach Himmel riecht und manchmal auch nach Blech und dann nach jungen Blättern, vor allem in der Blumenstraße, in der sich ein Blumengeschäft an das andere reiht. Warum wundere ich mich darüber, hier zu sein, wo ich doch selbst entschieden habe, herzukommen, aber war es überhaupt eine Entscheidung? Es muss Kismet sein, es war von vornherein klar, dass es so kommen würde. Schon als ich im Flugzeug von Wien nach Washington saß und dem Lockdown entflog, lag es in der Luft. Dann halt Amor fati. Ich liebe es, ich nehme es an.

Heute ist Sonntag. Es ist Sonntag, denke ich wieder. Irgendetwas lässt mich daran nicht los. Da war etwas. Es ist Sonntag und ich bin in New York und im Schlafzimmer liegt ein Geschöpf mit Flügelarmen. Sonntag. Ist da, war da nicht etwas?

Da fällt es mir ein. Muttertag! Fuck, denke ich, es ist Muttertag. Ich springe auf, Schimpfworte an mich selbst rattern durch meinen Körper. Wo ist mein Handy? Der Zeitunterschied nach Wien beträgt sechs Stunden, es ist neun Uhr morgens in New York, in Wien also drei Uhr nachmittags. Ich schlucke, laufe im Zimmer hin und her, hebe die Kleider vom Boden auf, seinen Gürtel, sein Hemd, mein neues weißes Kleid, meine Strümpfe, alles liegt verstreut, ich lasse die Sachen an anderen Stellen wieder fallen. Wo ist dieses fucking Telefon?

Es steckt noch in meiner kleinen weißen Handtasche. Offenbar habe ich es in der Nacht nicht mehr zu mir genommen. Ich schüttle meinen Kopf. War das je zuvor schon einmal vorgekommen? An sich bin ich für meine Kinder immer erreichbar. So viel hatten wir doch gar nicht getrunken, drei Gläser Wein, einen Sherry.

Die Kinder haben schon geschrieben, aber noch nicht angerufen. Wie gut, denke ich, sie wissen ja um die Zeitverschiebung, wird mir wiederum klar, wir hatten das in den letzten Wochen oft genug besprochen. Sie wissen, dass es bei mir erst neun Uhr ist, sie sind ja schon groß. Warum also diese Panik? Es ist neun Uhr, nicht zwölf, oder noch später. Ich entspanne mich, atme mehrmals tief ein und aus, setze mich wieder auf den Mauervorsprung, starte einen Gruppenanruf. Ich lächle in die Kamera, lasse mir meinen Kater nicht anmerken. Alle vier heben ab, sie sind mit Großmutter bei ihrem Onkel, meinem ehemaligen Schwager, im Garten in Wien Hietzing, eine Muttertagsjause findet statt. Ich sehe ihre Gesichter, ich spüre sie, ich spüre, dass es ihnen gut geht. Ihr seid meine unschuldigen

Erdbeeren, sage ich wie so oft zu ihnen. Wir freuen uns schon so auf dich, sagt meine Tochter H. Lass es dir gut gehen, meint P. Iss ein Eis, Mama, rät F. Alles ist gut bei uns, sagt M., mach dir keine Sorgen. Bald bin ich zurück, antworte ich. In einer Woche schon! Dann feiern wir nach. Wir winken noch in die Kamera, dann legt einer nach dem anderen auf.

Ein paar Sekunden schaue ich noch auf den schwarzen Screen, dann wieder über die Skyline, schlucke nochmals. Was ist nur mit mir los? Ich brauche kein schlechtes Gewissen zu haben, den Kindern geht es gut. Es ist ja nicht ihr erster Muttertag ohne mich, außerdem wissen sie, dass ich den Muttertag ablehne, dass ich nichts von ihm halte. Warum also war ich in Panik geraten? Verrückt, denke ich.

Wie sich das wohl für die Kinder anfühlen muss. Ihr Vater, ein konservativer, bürgerlicher, wohlhabender Mann, die Mutter eine Künstlerin, ständig mit Geldsorgen, pendelnd zwischen den Extremen eines freien Lebens als Schriftstellerin und den Verpflichtungen der Mutterschaft. Ich frage mich, ob es eine Beständigkeit außerhalb des Konservativen geben kann. Ich denke schon, vielleicht, natürlich, es müsste halt, ja, wie müsste es sein?

Ich stehe wieder auf, gehe in die Mitte des Zimmers, schaue noch einmal über die Stadt, hebe mein rechtes Bein nach hinten, beuge meinen Oberkörper nach vorne, breite beide Arme nach rechts und links, forme eine Standwaage, habe das Gefühl zu fliegen.

Hier bin ich, denke ich. Das bin ich. Ich fühle mich, fühle, wer ich bin, ich bin zum ersten Mal in meinem Leben auf eine eigentümliche Weise stolz auf mich, ein Überschwang ereilt mich. Ich bin stolz, es bis hierher geschafft zu haben, kann es kaum glauben. All die Anstrengungen, die Zusammenbrüche, ich schließe die Augen. Nun bin ich hier. Hier angekommen! Etwas rieselt durch meinen Körper, ein wohliges Schaudern. Ich öffne die Augen, sehe New York, strahle.

This is me, the honey bee, and there, there is a sleeping bear, my dear.

Durchatmen, die Standwaage verlassen, die Lider senken, ins Bad gehen, um die Zähne zu putzen, das Haar zu kämmen, mich im Spiegel zu begutachten. Wie gut ich aussehe, denke ich. Ich wasche mein Gesicht mehrmals mit eiskaltem Wasser, es riecht nach Chlor, doch wenn man sich einmal daran gewöhnt hat, dann mag man es. Es ist ein gutes Wasser, denke ich, ich vertrage es gut und trinke sogleich ein paar große Schlucke davon. Ein letzter Blick in den Spiegel, dann öffne ich die Tür ins Schlafzimmer, trete ein, es ist eiskalt. Ich schlüpfe zurück zum Weichkörper, in meine Schalenklappen, sie drehen sich, umfangen mich, schnappen zu.

Oh, sage ich später, das ist aber schön, als wir im Central Park übers Wasser rudern und sich ein freier Blick auf Manhattan auftut. »Gell?«, sagen meine Freunde, Auslandsösterreicher*innen, und lachen mich kurz an, dann unterhalten sie sich weiter, in sehr schnellem Englisch. Von allen Seiten ruft man uns »Happy Mother's Day!« zu, obwohl gar keine Kinder bei uns sind.

Als wir wieder am Festland stehen, schaue ich auf mein Handy. In Wien ist es jetzt Abend, mein kleinster Sohn F. hat mir noch ein Herz geschickt. Du bis die beste Mami der Welt, steht darunter. Na ja, denke ich und fühle mich komisch. Vielleicht fragt er sich gerade selbst, ob das stimmt. Und doch, ich kann beides sein. Ich muss nicht ständig bei ihm sein, damit er sich geliebt fühlt. Meine Kinder sind freie, selbstbewusste Menschen. Sie haben eine Mutter, die fünfzig Prozent der Zeit nicht bei ihnen ist, aber sie wissen mit Sicherheit, dass ich immer sofort kommen würde, wenn sie mich brauchen. Ein Wort genügt und ich sitze in jedem Flugzeug, in allen Zügen, im Auto. Sie sagen oft, dass sie froh sind, so viele Freiheiten zu haben, im Vergleich zu anderen.

Zurück bleibt ein zerbrochenes Zimmer, schreibe ich auf. Schmutzige Bettwäsche auf einem Boden aus Staub. Jahrelang getragene Pantoffeln. Über die Schriften wird der Löwenzahn sich legen, Vögel werden in den Räumen nisten, die letzten Bücher aufgeschlagen, ein Rest Kaffee in der Tasse.

Ihr seid nun allein. Ihr habt keine Mutter mehr. Ich bin keine Mutter mehr. Ich war nie eure Mutter. Ich bin die Kopie jeder Sünderin, so sehr Sünderin, dass ich meinen Nicht-Glauben verrate, um zu knien, auf den Böden einer jeden Kirche. Ich werde wieder glauben, demütig sein, Einflüsterungen hören. Ich werde wieder gebären. Nur für die Hoffnung auf Zuneigung, würde ich euch in ein neues Haus tragen. Eure Köpfe sind mein Kopf. Wo ihr atmet, atme ich. Wir sind untrennbar ein Stück, ein mehrköpfiges Monster sind wir. Ein Mutterkindwesen, das ich krampfhaft zerschlage, um mit jedem Spalt die Unzertrennlichkeit zu spüren.

Wir gehen nochmals in sein Apartment, lieben uns, schlafen kurz ein. Danach holen wir meinen Koffer vom Hotel und machen uns auf den Weg zum Flughafen, ich muss zurück nach Pittsburgh. Wir nehmen die U-Bahn. Er kontrolliert abwechselnd Fahrpläne und sein Handy. Wir würden einen neuen Weg probieren, sagt er, einen, den er selbst eben entdeckt hätte und »Look, they all have flowers for their mothers«. Ich sehe mich im Waggon um, frage mich, warum mir das nicht selbst aufgefallen ist. Ein junger Mann sitzt mit einem in Plastik verpackten Strauß weißer Rosen, darin ein bunter Luftballon auf einem Stab. Eine Frau hat einen gelben Strauß auf ihrem Schoß, ein rotes Samtherz schaut heraus. Wir fahren in einem Blumenwaggon und wir schaukelnd dazwischen, sehen einander an, als würde uns beiden jetzt etwas fehlen, ein Zuhause vielleicht, in das wir führen, um unsere Mütter zu feiern, oder in dem unsere Kinder uns erwarten würden. Wieder der Blick auf sein Handy, dann nochmals auf den U-Bahn-Plan.

Wir steigen an einer Station aus, gehen schmale Treppen hinauf, laufen über eine rote Fußgängerampel, ein Auto kommt, wir springen zurück, das Auto hupt, jemand lacht uns aus. Die Häuser sind niedrig, bräunlich, kaputt. Wir gehen eine Straße entlang, viele Menschen kommen uns entgegen, sie sind plötzlich viel kleiner als wir. Wir bewegen uns im Gleichschritt, kommen schnell voran. Ich sehe ihn von der Seite an, er schaut zielstrebig nach vorne. Dann muss ich lächeln. Er lächelt auch, zieht meinen Koffer, dessen Rollgeräusche uns begleiten. Während er mir die Umwandlungsformel von Fahrenheit in Celsius erklärt, fühle ich mich wie die kleine weiße Wolke von heute morgen, die immer größer und schöner wurde, immer sichtbarer – für Momente rechnen wir beide, sein Ergebnis kommt Bruchteile schneller als meines. Celsius = Fahrenheit - 32 * 5 / 9.

In den kleinen Häusern sind kleine Geschäfte, die billige Waren verkaufen, Wecker, Uhren, Schlüsselanhänger, Powerbanks, Batterien. Am Gehsteigrand ein Stand nach dem anderen mit roten Rosen in rotem Zellophan, Luftballons mit »I love you, mom«-Inschriften, Blüten, die wie Schlecker aussehen, ich möchte sie kosten. Look at that, everywhere flowers for Mother's Day. Wir schreiten wie ein Königspaar im leichten Nieselregen durch ein Spalier aus Zellophanblumen. Das war New York, Queens.

Ihr Kinder, ihr lebt in euren Reichen, euren kleinen Zimmern, aus diesen brecht ihr aus oder ihr sperrt euch ein und mich aus. Dann sperre ich mich aus, bin weg, so weit weg und vergesse euch im Fleisch einer paradiesischen Frucht. Denn ihr sollt viel früher noch als ich unterscheiden lernen, das Gute vom Bösen, dabei spielen die beiden doch ein schlimmes Wechselspiel. Ich suche diese Frucht, sie hat uns das Sehen gelehrt, nun ersehne ich das Paradies und von jedem Baum bringe ich meinen Kindern frische Früchte, in der Hoffnung, dass es die richtigen sind. Ich baue ihnen ein Haus aus Worten, ich will es hier für sie bauen, da ich kein richtiges Haus habe. Solange ich kein richtiges Haus habe, will ich meinen Kindern eines aus Buchstaben bauen.

Beim Check-in sagt die Stewardess, ich sei spät dran, könne meinen Handgepäckskoffer nicht mehr einchecken. Was?, frage ich. Spät dran? Ich sehe ihn an. Er tut so, als wäre nichts, bringt mich bis zum Securitycheck, wir sehen uns nach dem Abschied ein paar Mal nach einander um, dann ist er weg. Kurz schlägt mein Puls schneller, ich fühle mich plötzlich allein. Ich strenge mich an, ruhig zu bleiben, wähle eine gute Schlange, muss weder meinen Koffer öffnen noch meine Schuhe ausziehen. Danach der Weg zum Gate, weit, ist ja auch JFK und nicht VIE. Ich sehe auf die Uhr, kann es nicht glauben, beginne zu laufen. Überhole alle. Als ich am Gate ankomme, lege ich meinen Boardingpass auf den Laser und steige als Letzte ins Flugzeug. Augenblicke später rollen wir los. Ich schicke ein Herz in die WhatsApp-Gruppe mit meinen Kindern, die bereits schlafen und nicht einmal wissen, dass ich in New York war. Doch, es kommt ein Herz zurück. Sie sind in der Pandemie Nachtmenschen geworden. Ich schalte den Flugmodus ein, hebe ab, steige über die Wolken und während ich fliege, geht die Sonne unter. Ich fliege in einem orange-blau gestreiften Himmel. In meinem Kopf entfalten sich die Bilder der letzten Tage, ich lächle, mein Blick löst sich im Horizont auf. Ich will nicht, wie Brecht, die sich auflösende Wolke in Erinnerung behalten, die er beobachtete, während er ein Mädchen küsste, sondern den Kuss. Am liebsten beides.

In Pittsburgh steige ich in einen kleinen Bus, der mich zu meinem Wagen bringt, einem großen silbriggrauen Chevrolet Malibu. Über den Highway cruise ich bis nach Meadville. Am Straßenrand tote Rehe, Hirsche, Elche und dicke, tote Murmeltiere, sie fallen täglich den schweren, amerikanischen Trucks zum Opfer, liegen da, als würden sie schlafen.

Ich wache auf, vor mir Palmen, das Meer rauscht, hinter mir bricht ein Vulkan aus. Kinder spielen im Sand. Ich lese, ich schreibe. Neben mir mein Mann. Alle sind zusammen, alles ist zusammen. Irgendwann schaffe ich es, meine zwei Leben zusammenzuführen.

Die Körper sind brüchig, sie zerreißen, um hervorzubringen, sie bersten und lösen sich in Flüssigkeit auf, die einem die Beine hinabsickert, um langsam zu vertrocknen. Ich kann mich nicht halten, habe keine Kontrolle, bin ausgesetzt, nackt, verliere. Bin Sünderin, jene, die mit aller Kraft das Haus ihrer eigenen Kinder zerschlägt. Nun ist es ein verwundetes Haus, das mit mir zerfällt, ich zeige ihnen vor, mit jedem Buchstaben, den ich gegen die Wand schreibe, mit jedem Wort, mit dem ich dieses Haus abtrage, Stein für Stein, Staub für Staub, mit jedem Ungeziefer, das ich einlasse, um unsere Glaubenssätze zu zerstören, mit meinem fortwährenden Scheitern stehe ich vor diesen Wesen und zeige: Seht, eure Mutter, wie sie wie Eva im Garten Eden wieder und wieder die Frucht nimmt, sie kann nicht aufhören zu kosten, sie kann nicht aufhören sich anzustrengen, um zu leben.

Simone Hirth

WIR WOLLEN WAS. EIN MANIFEST

Ein Gespenst geht um in der Welt – das Gespenst der Mütter, die nicht schweigen. Die mächtigen Männer (leider aber auch viele andere) haben sich zu einer unheimlichen Hetze gegen dieses Gespenst verbündet.

Wo ist die Mutter, die, sobald sie Beschwerde einbrachte und dabei etwas lauter wurde, nicht als hysterisch oder hormongesteuert, überfürsorglich, ängstlich, sensibel, gefühlsduselig, naiv oder schlicht »etwas mühsam« bezeichnet wurde? Wo ist die Mutter, die offen und ehrlich sagen kann, was sie denkt, und zwar als Mensch, nicht nur als Mutter, und genauso ernst genommen wird wie ein Mann, der seine Meinung kundtut?

Zweierlei geht daraus hervor: Die Mütter, die nicht schweigen, sind längst als eine Macht bekannt. Diese Macht ist für viele furchteinflößend, denn sie geht von Frauen aus, und das ist auch in der heutigen Welt noch nicht unbedingt gern gesehen. Und: Diese Macht könnte ins Unermessliche wachsen, denn es ist die Macht derer, die aus eigener Kraft Menschen zur Welt bringen und ihnen beim Wachsen helfen.

Die Macht derer, die gewohnt sind, über sich selbst hinauszuwachsen.

Die Macht derer, die tagtäglich mit beiden Beinen im Leben stehen und tagtäglich mit beiden Händen anpacken, anpacken können, weil sie müssen, ohne Pause.

Die Macht derer, die keine Zeit haben, sich mit Gespenstern auseinanderzusetzen.

Die Macht derer also, die weit davon entfernt sind, das Gespenst zu bleiben, als das man sie gerne weiterhin zum Verschwinden bringen würde.

Die Macht derer, die *wirklich* sind, authentisch, zäh, ausdauernd, wandlungsfähig, divers, feinfühlig, lösungsorientiert, durchsetzungsfähig, vielseitig belastbar, leise, laut, beständig, und vor allem: liebevoll, und vor allem: zahlreich.

Es ist hohe Zeit, dass die ehrlichen Mütter der Welt ihre Anschauungsweisen, ihre Ideale, ihre Tendenzen, ihre Emotionen und Änderungswünsche vor der ganzen Welt offen darlegen und dem Märchen vom Gespenst der Mütter, die nicht schweigen, ein Manifest entgegenstellen.

Hier ist es!

Die Geschichte aller bisherigen Gesellschaft ist die Geschichte der Unterschiede zwischen Müttern und Vätern.

Die Liste der Unterschiede ist lang, und die Unterschiede haben tiefgehende und nicht selten bereits tief verwurzelte Strukturen im gesellschaftlichen Miteinander und in der (Un-)Gleichstellung der Geschlechter verursacht.

Immer wurden Kinder geboren und wuchsen heran. Immer gab es zwei Personen, die damit in direktem Zusammenhang standen.

Die Unterschiede zwischen diesen beiden Personen gründen in der Natur der Sache: Die Mütter tragen die Kinder aus und bringen sie aus eigener Kraft zur Welt. Die Väter schauen dabei zu (oder auch nicht) und müssen (oder glauben, sie müssen) beweisen, dass sie auch etwas können. Die Väter können jederzeit, schon während der Schwangerschaft, einfach gehen. Sie können wählen. Die Mütter aber sind gezwungen, zu bleiben. In sich. Vom Zeitpunkt der Befruchtung an können sie nicht mehr aus ihrem Körper schlüpfen. Sie können wählen (mancherorts, mancherorts bis heute nicht): behalten oder nicht. Aber sie haben keine Wahl: Ihr Körper ist ab dann der Körper einer Mutter. Ein Körper, der etwas austrägt. Egal, wie lange und bis zu welchem Punkt. Ihr Körper wird zu einer Hülse. Innen ist mehr als nur frau / man selbst. Mehr, als frau / man je begreifen oder fassen kann.

Spätestens wenn ein Kind geboren wurde, stellt sich die Frage: Wer macht was, damit es diesem Kind gut geht?

Es stellt sich aber auch die Frage: Wer fühlt was, dieses Kind betreffend, die eigene Person betreffend, das Leben mit diesem Kind betreffend?

Und es stellen sich im Weiteren die Fragen: Wer nimmt diese Gefühle wirklich wahr und ernst, was bzw. wie viel Raum braucht es, um sie wahrzunehmen, und wer spricht sie aus bzw. welche Voraussetzungen braucht es, sie aussprechen zu können?

Und letztlich: Wie sind die Reaktionen auf das, was dann zur Sprache gebracht wird?

Stopp! Dies sollte ja nicht der Platz für Fragen sein. Sondern ein handfestes, waschechtes Manifest mit konkreten Aussagen!

Also los! Und keine Sorge: Dieses Manifest wird weder reißerisch noch verkopft, noch trocken und übertheoretisierend, noch polarisierend, noch von Phrasen durchzogen.

Dieses Manifest ist, was es ist: ein Chor verschiedenster Stimmen. Hohe und tiefe Stimmen, helle und dunkle, schräge, schrille, gesetzte, behäbige, aufbrausende, wütende, direkte. Und noch viele mehr.

Dieser Chor erhebt sich nun und singt. Der Refrain ist: **Wir wollen was.**

Denn ja, auch wenn die Mütter der Welt lange geschwiegen haben, heißt das nicht, dass sie nichts wollten. Sie haben geschwiegen, weil sie beschäftigt waren. Wen wundert es – und womit wohl?! Sie haben geschwiegen, weil sie ihre Kinder versorgen mussten. Weil sie oft nebenbei noch arbeiten mussten. Weil sie ihre Kinder schützen mussten. Weil ihnen die Kraft fehlte. Weil unter dem schweren Mantel »Mutterschaft« oft wenig Raum bleibt für eigene Worte, geschweige denn lange Reden. Sie haben geschwiegen aus vielerlei Gründen. Nicht aber, weil sie nichts wollten.

Und ja! Eine Mutter kann und darf und soll alles wollen. Auch wenn diese Aufgabe, dieses »Muttersein«, eine große, eine umfassende, eine vereinnahmende Aufgabe ist. Unter dem Mantel Mutterschaft verbergen sich nämlich vor allem: viele Frauen. Und diese Frauen haben Rechte. Sie haben Bedürfnisse. Sie haben Anliegen, Ärger, Zweifel, Wut. Sie haben Kinder. Und diese Kinder sollen in eine Welt hineinwachsen, in der alle wahrgenommen werden. Vor allem die, die diese Kinder gebären. Die, die zu Hause sitzen und diese Kinder versorgen. Die, die nicht draußen an den Fronten stehen, an den Börsen, die nicht an den Verhandlungstischen sitzen, an den langen Hebeln. Die, die Basisarbeit leisten dafür, dass überhaupt jemand dort stehen oder sitzen kann.

Diese Frauen wurden und werden in der Geschichte, die noch immer größtenteils die Geschichte von Männern ist, gerne und oft übersehen und überhört.

Damit ist jetzt Schluss! Wenn Sprechen nicht wirkt, wird gesungen. Hier singen sie nun, laut und direkt und wild durcheinander. Und immer wieder diesen Refrain:

Wir wollen was.

Ich will einen Kinderbetreuungsplatz für mein Kind. Ich will eine Hebamme, die sich Zeit für mich nehmen kann und angemessen bezahlt wird für das, was sie tut. Ich will mal zehn Minuten für mich. Ich will die gleichen Berufschancen, auch wenn ich mich mit Schwangerschaftsbauch bewerbe. Ich will bei meinem Kind zu Hause bleiben, so kurz oder so lange sich das für mich richtig anfühlt. Ich will ein eigenes Büro. Ich will nicht, dass fremde Leute mir an den Bauch fassen. Ich will schlafen. Ich will leben, wie ich leben wollte. Ich will, dass mein Kind schläft. Ich will nicht jeden Nachmittag am Spielplatz verbringen. Ich will mal einen Nachmittag im Matriarchat verbringen. Ich will zweifeln. Ich will mehr U-Ausschüsse einberufen. Ich will Privatsphäre. Ich will eine PDA. Ich will nicht verglichen werden. Ich will auf keinen Fall eine PDA. Ich will, dass mein Kind gesundes Essen bekommt. Ich will kein Haus, keinen Garten, keinen Kredit. Ich will ein bezahlbares Dach über dem Kopf. Ich will mich irren dürfen. Ich will entscheiden können. Ich will keine Angst vor männlicher Gewalt mehr haben müssen. Ich will keine Pralinen zum Jahrestag. Ich will meine Angst nicht mehr erklären müssen. Ich will keine High Heels. Ich will keine Erziehungstipps, wenn ich selbst nicht danach frage. Ich will keine Mama-App. Ich will keinen Familienplaner. Ich will nicht verantwortlich gemacht werden für alles, was bei der Erziehung schiefgeht. Ich will auch mal keine Mutter sein dürfen. Ich will Vertrauen. Ich will reisen. Ich will einen Vertrag. Ich will sagen können: »Ich mache mir Sorgen«, ohne gleich als überfürsorglich, hysterisch oder ängstlich belächelt zu werden. Ich will nicht stillen. Ich will 3 Jahre stillen. Ich will größtmögliche Unabhängigkeit. Ich will ein Tragetuch, keinen Kinderwagen. Ich will breitbeinig sitzen und laut stöhnen oder rülpsen, wenn mir danach ist. Ich will keine Teilzeitstelle. Ich will ein Walross beherbergen. Ich will keine Entspannungsübungen. Ich will alles anders machen. Ich will Städte planen, Formeln erfinden, in Untiefen graben, Planeten entdecken, neue Maschinen bauen. Ich will mein Kind nicht herumtragen, ich will einen Kinderwagen, der geländegängig ist. Ich will keine ätherischen Öle. Ich will meine Ruhe. Ich will nicht ständig erreichbar sein müssen. Ich will ausfallen können. Ich will Witze. Ich will abends nach Hause kommen und die Wäscheberge übersehen und das schmutzige Geschirr und das Spielzeug, das überall verteilt liegt, und die offenen Rechnungen auf dem Poststapel, ich will mich freuen, dass die Kinder mich freudig begrüßen, ich will noch mit ihnen zu Abend essen, ich lese ihnen auch gerne noch eine Geschichte vor, aber dann will ich mich einfach auf die Couch fallen lassen und fernsehen. Ich will das gleiche Geld für meine Arbeit. Ich will keine Reden schwingen. Ich will hier raus. Ich will die Nachrichten zu Ende hören. Ich will nicht ständig auf die Uhr schauen müssen. Ich will wählen können, wer ich sein will. Ich will keinen Grießbrei auf meiner Tastatur. Ich will eine Festung aus Lego bauen. Ich will mich nicht schämen für den Satz: Meine Kinder gehen mir auf die Nerven. Ich will keine Anfeindungen für den Satz: Ich wollte kein Kind. Ich will mein Kind lieben dürfen, ehrlich, maßlos, total. Ich will schreien. Ich will später eine angemessene Pension bekommen. Ich will keinen Sex, wenn ich zu müde bin oder einfach nicht will. Ich will keinen Urlaub, ich will Zeit. Ich will das Beste für mein Kind. Ich will nicht nur das Beste für mein Kind, sondern auch für mich. Ich will nicht häkeln. Ich will einen Mann an meiner Seite, der mich versteht und unterstützt in dem, was ich tue. Ich will in die Chefetage. Ich will Kunst. Ich will keinen Mann an meiner Seite. Ich will einen Kaiserschnitt. Ich will nicht backen. Ich will weinen. Ich will mein Kind schützen. Ich will mal wieder ein Buch lesen. Ich will nicht brüllen müssen, damit man mich hört. Ich will tanzen. Ich will kinderwagenfreundliche, öffentliche Einrichtungen und Verkehrsmittel. Ich will Sex. Ich will mich nicht ständig um alles allein kümmern. Ich will klar denken können. Ich will abwägen. Ich will fluchen. Ich will mir keine Sorgen machen. Ich will es so machen dürfen, wie mein Bauch und mein Herz es mir sagen. Ich will keine Seifenblasen. Ich will ernst genommen werden. Ich will einen Schwangerschaftsabbruch. Ich will ungeduldig sein. Ich will Pflastersteine statt Bauklötzen. Ich will eine Feministin in jedem Familiengericht. Ich will nicht zum Babyschwimmkurs. Ich will nicht verglichen werden. Ich will eine Hausgeburt. Ich will keine Vitaminpräparate. Ich will kein zweites Kind mehr. Ich will mehr Zeit mit meinem Kind verbringen, ohne an Leistungsdruck seinerseits oder meinerseits denken zu müssen. Ich will den Weltfrieden, und zwar ernsthaft. Ich will kein schlechtes Gewissen. Ich will nie wieder vor einem Familienrichter weinen. Ich will keine Stoffwindeln. Ich will nicht über Windeln nachdenken. Ich will keiner Norm entsprechen. Ich will glauben. Ich will keine Konventionen. Ich will keine Tupperware. Ich will Rock'n'Roll. Ich will keine Schnitzel panieren.

Ich will gefragt werden. Ich will keine Dessous. Ich will es auch mal gemütlich haben. Ich will ein Bier. Ich will alles geben für mein Kind. Ich will mein Kind nicht behalten. Ich will vertrauen können. Ich will Slipeinlagen, die alles halten. Ich will mich nicht rechtfertigen. Ich will nicht, dass mein Kind andere schlägt, schubst, beleidigt, herabwürdigt. Ich will nicht von meiner eigenen Mutter abhängig sein, weil sie die Einzige ist, die Zeit hat, das Kind zu betreuen. Ich will einen Tag in der Woche komplett frei haben. Ich will die Scheidung. Ich will Kilometergeld. Ich will ein Megafon. Ich will, dass mein Kind alle Chancen bekommt. Ich will alle Chancen haben. Ich will Kunst. Ich will keine Märchen. Ich will unabhängig sein. Ich will keine Krampfadern und keine Stressfalten. Ich will für mein Kind da sein. Ich will mehr sein als die Mutter von Tobi. Ich will, dass mein Kind in Frieden und in Sicherheit aufwachsen kann. Ich will nicht, dass mein Kind später unsere Fehler von heute begradigen muss. Ich will etwas zu essen und Kleidung für meine Kinder. Ich will mehr Kinder, ohne dadurch in finanzielle oder soziale Schieflage zu geraten. Ich will keine Blumen zum Muttertag. Ich will ein Stimmrecht. Ich will kein Vater sein. Ich will eine ehrliche Mutter sein. Ich will Raum.

Refrain:
Wir wollen was.
Wir wollen was.
Wir wollen was.

Hier ist das Lied noch lange nicht zu Ende. Noch lange ist nicht alles gesungen. Noch lange singen nicht alle Mütter mit, können nicht alle mitsingen. Noch lange ist der Gesang nicht hörbar genug.

Das heißt, es müssen mehr Mütter singen. Das geht nur, wenn die Grundlagen dafür geschaffen werden, dass mehr Mütter die Kraft haben, zu singen. Stimmbildung ist harte Arbeit. Die Mütter, die schon so weit sind, geben ihre Kraft weiter an die Mütter, die noch nicht so weit sind.

Sie verschmähen es, ihre Ansichten und Absichten zu verheimlichen. Sie erklären offen, dass ihre Zwecke nur erreicht werden können durch den versprachlichten Umsturz aller bisherigen Gesellschafts- bzw. Verhaltens- bzw. Sprachordnung. Es geht um Verständigung. Um Vernetzung. Um einen Chor, der stetig weiterwächst.

Es kann gesungen werden während der Hausarbeit. Es kann gesungen werden während der Bürozeit. In der Chefetage und an der Supermarktkassa. Während der Gleitzeit. Im Auto, unterwegs. Beim Stillen, beim Windelwechseln, beim Spazierengehen, den Kinderwagen schiebend. Während die Kinder in den Schlaf gewogen werden. Während die Kinder schreien und beruhigt werden müssen. Auf den Spielplätzen der Welt. In den Küchen und Waschküchen der Welt. Beim Gebären. Bei der Rückbildungsgymnastik, sofern Zeit dafür ist. Beim Hetzen von der Arbeit zum Kindergarten oder zur Schule und dann nach Hause und von zu Hause zum Kindergarten oder zur Schule und dann zur

Arbeit. Beim Elternabend. Beim Kinderarzt oder der Kinderärztin. Im Pyjama, im angesabberten Hosenanzug, im bekleckerten Kleid, im Blaumann oder dem Putzkittel. Es kann gesungen werden, ob die Anwesenden es hören wollen oder nicht. Es kann öffentlich gesungen werden oder privat. In der Abteilung für Babynahrung, im Modegeschäft, im Baumarkt, im Zoo und am Bahnhof. In der Kirche und im Stiegenhaus. Am Klo, im Wohnzimmer, in der Küche, im Kinderzimmer und im Schlafzimmer. In der Stille oder im Lärm ringsum. Im Alltag, im Urlaub, in dem ganzen Wahnsinn. Auf dem Papier, in der Luft, im Gefängnis, im Parlament oder außerhalb. Jenseits von allem. In all den schlaflosen Nächten. Vor Erschöpfung, ganz leise, aber doch …

Mögen die weißen alten Männer vor einer Revolution der Mütter zittern. Die Mütter haben nichts zu verlieren als ihr Schweigen. Sie haben eine Welt zu gewinnen.
    Ihre Kinder übrigens auch.

Mütter aller Länder, vereinigt euch, singt!

AUTORINNEN

Helena Adler, geboren 1983 in Oberndorf bei Salzburg in einem Opel Kadett. Studium der Malerei am Mozarteum sowie Psychologie und Philosophie an der Universität Salzburg. Diverse Ausstellungen und Kunstaktionen, Veröffentlichungen in Anthologien und Literaturzeitschriften. Lebt als Autorin und Künstlerin in der Nähe von Salzburg. Ihr Roman »Die Infantin trägt den Scheitel links« erschien 2020 bei Jung und Jung und war auf der Longlist für den Deutschen und Österreichischen Buchpreis sowie auf der Hotlist der unabhängigen Verlage.

Lene Albrecht, geboren 1986 in Berlin, studierte Literarisches Schreiben in Leipzig und Berlin sowie Kulturwissenschaften in Frankfurt an der Oder. Sie arbeitet als freie Dozentin, Lektorin und Journalistin, u. a. für die Redaktion Radiokunst von Deutschlandfunk Kultur. Ihr Debütroman »Wir, im Fenster« erschien 2019 im Aufbau Verlag. Sie ist Teil des Autorinnenkollektivs »writing with CARE / RAGE«.

Katja Bohnet, geboren 1971 in Mannheim, studierte Filmwissenschaften und Philosophie, bevor sie ihr Geld mit Fahrradkurier-Fahrten, Porträtfotos und Zeitungsartikeln verdiente. Sie lebte in den USA, in

Berlin und Paris, moderierte jahrelang eine Livesendung in der ARD. Ihre Erzählungen wurden in Literaturzeitschriften und Anthologien veröffentlicht und mehrfach für den Glauser-Preis nominiert. 2015 erschien ihr erster Kriminalroman »Messertanz«. Es folgten »Kerkerkind« (2018), »Krähentod« (2019) und im gleichen Jahr der Thriller »Last Shot« unter dem Pseudonym Hazel Frost. 2020 veröffentlichte sie »Fallen und Sterben«. → katjabohnet.de

Teresa Bücker, geboren 1984, arbeitet, schreibt und spricht zu gesellschaftspolitischen Fragen der Gegenwart und Zukunft. Immer aus einer feministischen Perspektive, mit Blick auf Gestaltungsmöglichkeiten und Lust auf Veränderung. Für ihre Arbeit als Chefredakteurin des Frauenportals Edition F wurde sie 2017 als »Journalistin des Jahres« ausgezeichnet. Seit 2019 arbeitet sie als freie Autorin.

Nava Ebrahimi, 1978 in Teheran geboren, studierte Journalismus und Volkswirtschaftslehre in Köln und arbeitete als Redakteurin bei der *Financial Times Deutschland* sowie der Kölner Stadtrevue. Für ihren ersten Roman »Sechzehn Wörter« wurde sie mit mehreren Preisen und Stipendien ausgezeichnet, u.a. mit dem Österreichischen Buchpreis, Kategorie Debüt, und dem Morgenstern-Preis des Landes Steiermark. 2021 erhielt sie den Ingeborg-Bachmann-Preis für ihren Text »Der Cousin«. Nava Ebrahimi lebt mit ihrer Familie in Graz.

Andrea Grill lebt als Schriftstellerin und Übersetzerin aus mehreren europäischen Sprachen in Wien und Amsterdam. Seit 2005 erschienen zwei Lyrikbände, sechs Romane, Erzählungen, Essays und ein Kinderbuch. Sie wurde vielfach ausgezeichnet, u. a. mit dem Förderpreis zum Bremer Literaturpreis (2011) und dem Anton-Wildgans-Preis (2021). Ihr jüngster Roman »Cherubino« (Zsolnay 2019) war für den Deutschen Buchpreis nominiert. → andreagrill.org

Sandra Gugić, geboren 1976, schreibt Prosa, Lyrik und Essays. Sie studierte Sprachkunst an der Universität für Angewandte Kunst und am Deutschen Literaturinstitut Leipzig. Ihr Debütroman »Astronauten« (C.H.Beck 2015) erhielt den Reinhard-Priessnitz-Preis. 2019 erschien ihr Lyrikdebüt »Protokolle der Gegenwart« im Verlagshaus Berlin, im Herbst 2020 ihr zweiter Roman »Zorn und Stille« bei Hoffmann und Campe. Zuletzt erhielt sie das Heinrich-Heine-Stipendium. → sandragugic.com

Franziska Hauser, geboren 1975 in Pankow / Ostberlin, hat zwei Kinder. Sie studierte Fotografie an der Ostkreuzschule bei Arno Fischer und ist Autorin. Im Frühjahr 2015 erschien ihr Debütroman »Sommerdreieck«, der den Debütantenpreis der lit.COLOGNE erhielt und auf der Shortlist des aspekte-Literaturpreises stand. Zuletzt erschienen ihr Roman »Die Gewitterschwimmerin« (Eichborn 2018), auf der Longlist für den Deutschen Buchpreis, und »Die Glasschwestern« (Eichborn 2020). → foto-haus.info

Simone Hirth, geboren 1985 in Freudenstadt, aufgewachsen in Lützenhardt. Studium am Deutschen Literaturinstitut in Leipzig. Nach diversen Umzügen und Aushilfsjobs lebt sie heute als freischaffende Autorin in Kirchstetten (Niederösterreich). Verschiedene Preise und Stipendien, u. a.: Literaturstipendium des Landes Baden-Württemberg, Start-Stipendium des BMUKK, Schwäbischer Literaturpreis sowie Hans-Weigel-Literaturstipendium. Ihr Debütroman »Lied über die geeignete Stelle für eine Notunterkunft« wurde für den Alpha Literaturpreis nominiert. Zuletzt erschienen ihre Romane »Bananama« und »Das Loch« (Kremayr & Scheriau 2018 und 2020).

Gertraud Klemm, geboren 1971 in Wien, ist Biologin und hat bis 2005 als hygienische Gutachterin gearbeitet. Viele ihrer Texte wurden mit Auszeichnungen gewürdigt (u. a. Publikumspreis Bachmannpreis 2014, Longlist des deutschen Buchpreises 2015). 2020 wurde ihr der Outstanding Artist Award für Literatur zuerkannt, 2021 der Ernst-Toller-Preis. Zuletzt erschienen: »Muttergehäuse« (Kremayr & Scheriau 2016), »Erbsenzählen« (Droschl 2017) und »Hippocampus« (Kremayr & Scheriau 2019).

Elena Messner, 1983 in Klagenfurt geboren, aufgewachsen in Ljubljana und Salzburg, Studium der Komparatistik und Kulturwissenschaften in Wien und Aix-en-Provence. Sie ist als Lehrende und Kulturwissenschaftlerin tätig, schreibt Prosa, Essays und Theatertexte. In der Edition Atelier erschienen die

Anthologie »Warum feiern. Beiträge zu 100 Jahren Frauenwahlrecht« sowie ihre Romane »Das lange Echo«, »In die Transitzone« und »Nebelmaschine«.
→ elena-messner.com

Lydia Mischkulnig, geboren 1963 in Klagenfurt, arbeitet in Wien. Magistra der Künste (Universität für Musik und darstellende Kunst in Graz und Wien). Mehrfach ausgezeichnet, u. a. Bertelsmann-Literaturpreis beim Ingeborg-Bachmann-Wettbewerb (1996), Manuskripte-Preis (2002), Elias-Canetti-Stipendium der Stadt Wien (2007 und 2014), Outstanding Artist Award für Literatur (2009), Joseph-Roth-Stipendium (2010), Veza-Canetti-Preis und Johann-Beer-Literaturpreis (beide 2017), zuletzt Würdigungspreis des Landes Kärnten für Literatur (2020). Sie veröffentlichte zahlreiche Romane und Erzählungen, zuletzt erschienen »Die Paradiesmaschine« 2016 und »Die Richterin« 2020 bei Haymon. → lydiamischkulnig.net

Barbara Peveling, 1974 in Siegen geboren, ist Autorin und Anthropologin. Ihr Roman »Wir Glückspilze« erschien 2009 im Verlag Nagel und Kimche, der Roman »Rachid Rebellion« 2017 im Goldegg Verlag. Zusammen mit Nikola Richter gab sie 2021 die Anthologie »Kinderkriegen« in der Edition Nautilus heraus. Preise und Auszeichnungen: 2006 Finalistin Open Mike, Goldegg Autorenstipendium 2015, Manfred Görg Preis für interreligiösen Dialog 2015, 2016 Finalistin beim Wiener Werkstattpreis u. a. Sie veröffentlicht in Zeitschriften, Anthologien und Onlinemaga-

zinen. Sie lebt mit ihrer Familie in Paris und Köln.
→ barbarapeveling.com

Barbara Rieger, geboren 1982 in Graz. Studium in Wien. Lebt und arbeitet als Autorin und Schreibpädagogin (BÖS) in Wien und im Almtal (Oberösterreich). Betreibt seit 2013 gemeinsam mit Alain Barbero den Literatur- und Fotoblog »Café Entropy«, aus dem die Bücher »Melange der Poesie« (2017) und »Kinder der Poesie« (2019) hervorgingen. Zuletzt erschien ihr Roman »Friss oder stirb« 2020 bei Kremayr & Scheriau. → barbara-rieger.at

Verena Stauffer, 1978 in Oberösterreich geboren. Lebt in Wien, Berlin und Moskau. Studium der Philosophie an der Universität Wien. Sie veröffentlichte 2018 ihren Debütroman »Orchis« bei Kremayr & Scheriau, der für den Literaturpreis Alpha, die Hotlist der unabhängigen Verlage und den Blogger-Debütpreis nominiert war. Zuletzt erschien ihr Gedichtband »Ousia« bei Kookbooks, der für den Österreichischen Buchpreis nominiert wurde. Im August 2021 erscheint ihr neues Buch »Geschlossene Gesellschaft« bei der Frankfurter Verlagsanstalt. → verenastauffer.at